U0515043

澳门理工学院资助课题
"回归后澳门公务员制度改革研究"的
课题结项成果

MACAO CIVIL SERVICE REFORM AFTER THE RETURN

鄞益奋 ● 著

回归后 澳门
公务人员制度改革研究

社会科学文献出版社
SOCIAL SCIENCES ACADEMIC PRESS (CHINA)

序　言

　　一直以来，人事管理及公务员管理是公共行政和政府管理研究的重要内容。在澳门公共行政和政府管理研究中，关于澳门特区公务人员制度的研究自然是其中不可或缺的部分。鄞益奋博士的《回归后澳门公务人员制度改革研究》一书，对回归后澳门公务人员制度的不断改革进行了较为系统的梳理和分析，不失为了解回归后澳门公共行政改革和公务人员制度改革的一部力作。

　　与中国内地的公务员制度相比，澳门特区公务人员制度存在很大的不同。比如，在公务人员分类上，澳门特区实行的是领导主管与一般公共行政工作人员的分类，在一般公共行政工作人员中，又区分出高级技术员、技术员、技术辅导人员、行政技术助理员及工人五个类别。这种分类体系和中国内地的领导职务和非领导职务的分类，综合管理类、专业技术类和行政执法类的职位分类体系就有着较大差异。另外，在公务人员的招聘、职程、评核、薪酬、福利、晋升、退休、培训、问责、委任等制度方面，澳门特区的制度规定和中国内地公务员制度的相关规定也存在相当大的区别。其中，澳门的职程制度和委任制度，更是凸显了澳门公务人员制度的特色，特别值得研究公务员制度的学者和同人深入讨论，共同关注。

　　公务人员制度是由多个管理环节共同组成的系统化的制度体系。衡量公务人员制度的优劣，既要看其与制度环境之间的适应程度，又要看其多个管理环节之间规定的匹配程度。可以形象地打个比喻，公务人员制度就像一条珠链，招聘、考核、薪酬、培训、晋升等管理环节就像串在珠链上的珠子，珠链好不好看，不仅取决于每个珠子好不好看，而且取决于各个珠子的整体搭配效果。由此，公务人员制度的改革不但要对诸如招聘、考核之类的某个管理环节进行改革，而且要进行全面的、整体的、配套的、系统的改革。回归以来，澳门公务人员制度改革花了很多力气和心思，取得的成绩必须肯定。但在不少方面其效果不尽如人意，根本的原因就是：只进行片面的改革而没有进行整体的改革。从回归后澳门公务人员制度多年的改革经验看，澳门公务人员制度各项内容的改革密不可分，互相关联、互相影响，迫切需要从全局上，把握各项制度的特殊性；从整体上克服各项制度的单一性，协调各项制度的关联性；从根本上，提高各项制度的系统性，促成整体性制度改革，从而全面提升政府的治理能力。

在公务人员制度改革的进程中，地区文化和行政文化的影响和制约作用也不可低估。澳门公务人员制度改革推行缓慢，除了体制上的原因之外，更重要的是因为缺乏一种"勇于承担"的行政文化。另外，在澳门特区，包括公务员制度改革在内的行政改革都需要在既有的法律框架下进行，由此澳门特区的公务人员制度改革（行政改革）和法律改革有着密不可分的关系，在很多情况下行政改革和法律改革需要同步进行，否则公务员制度的改革必然难以推进。

对多数中国内地的读者而言，澳门公务人员制度是一个较为陌生的领域，需要更多介绍和引荐。鄞益奋博士自从2006年进入澳门理工学院工作以来，对澳门公共行政和公共政策进行了较为厚实和系统的研究，《回归后澳门公务人员制度改革研究》一书是鄞益奋博士10多年来对澳门特区公务人员制度研究的汇总。本书条理分明、逻辑清晰，对澳门特区公务员制度的分析较为深入，有其独到的见解。在澳门回归祖国将近二十年之际，我十分乐意向关注港澳政治社会、"一国两制"事业，特别是关注澳门公共行政的读者推荐此书。

陈庆云

北京大学政府管理学院

2018 年 9 月 20 日

目　录

表目录

第 1 章　绪论

正如政体是政治科学的中心、社会组织是社会学的核心一样，公务员是公共行政研究的主题，也是公共行政研究中较为独特的一块研究阵地，其他学科尚没有大量涉足进来的领域。根据西方学者对公务员制度的经典定义，公务员制度是"既定领域下国家事务服务中动员人力资源的中介制度"。① 这个界定揭示了公务员制度的两个重要内涵：一是国家或政体和具体行政组织之间的桥梁和中介，说明为了实行国家和政府既定的职能，公务员制度是必不可少的工具；二是公务员制度的首要关注点在于人力资源而非财政或物质的资源。

从制度层面来说，制度和规则为理解公务员的行为提供了一个很好的视角，它规定了什么样的行为是公务员必须做的，什么样的行为是不能做的，什么样的行为是鼓励做的。这些制度规则包含明确的法律规定和准则，也涵盖了一些暗含的准则。"公务员制度是一种治理制度，是为处理公共事务的角色——公务员安排的一种规则体系，反映了对于公务员在处理公共事务中的行为和功能的期望，是政治制度的一部分。"② 由此，公务员制度是公共行政研究和政治制度研究的核心组成部分，是研究澳门特区政

---

① Hans A. G. M. Bekke, James L. Perry, and Theo A. J. Toonen, *Civil Service Systems in Comparative Perspective*, Indiana University Press Bloomington & Indianapolis, 1996.
② 魏姝：《服务型政府模式下政府人事制度的理想类型研究》，《中国行政管理》2010 年第 8 期，第 118 页。

府治理能力及治理制度不可绕过的内容。

一般意义上讲，公务员指国家机构和政府机构的工作人员。但从深层的内涵界定来说，公务员却是一个很难说清楚的概念。至今为止，关于公务员的边界问题经常是一个含糊不清的问题，各个国家对公务员的范围界定也不尽相同。一般来说，那些职业的、任命的官员被视为公务员，而选举的、政治的官员一般不被看作公务员。在这个基本原则之下，有些国家和地区把非职业的、任命的官员视为公务员，有些国家和地区把选举的、任命的官员视为公务员，不一而足。因此，公务员的范围和边界，经常是要看各个国家和地区的具体情境来决定。

需要强调的是，在澳门，"公务员"有特定的法律内涵。澳门公职法对"公务员"有严格的限定，是特指确定性委任和定期委任的公务人员。澳门法律规定下，公务员和公务人员有严格的区分，公务员的外延小于公务人员，"公务人员"涵盖各种任用方式的公共行政工作人员，"公务员"是"公务人员"的一部分。也就是说，一般而言，"公务员"是可以等同于"公务人员"，但从澳门的法律规定而言，"公务员"与"公务人员"不同，"公务员"只是采取确定性委任和定期委任的任用方式的公务人员。

1.1 澳门特区公务人员的规模和结构

1.1.1 澳门特区公务人员的规模

事实上，一个国家的政府规模究竟应当控制在什么样的水平，如何确定其适度规模，一直是各国学界共同关注的问题，并对此进行长期不懈的探讨，但始终没有定论。一方面，由于各国的政治制度、经济体制、自然环境和文化传统不同，政府职能也不尽相同，因此政府的规模也不同；另一方面，即使是在一个国家内部，在不同的历史时期、发展阶段和经济发展水平不同的地区对政府的规模也有不同的要求。政府规模在各种因素的影响下呈现出动态性和发展性，并不是一个简单的"大政府"或"小政府"的选择问题。①

从理论上看，保持适当的政府规模是政府有效运转的必要条件。人员不足与冗员，都会影响工作效率与服务水平。判断一个国家的政府官员是不是太多，不能简单以目前比以往多来证明，更不能简单以其绝对数来衡量。最基本的衡量尺度是公务员人数与总人口比例，同时还要通过纵比和横比的方式来厘定。适度规模要求数量上能满足政府对社会进行有效治理的需要，同时对内可以保证政府各部门有效运转的要求，并与经济发展水平、政府的实际财力等因素相适应。

适度政府规模理念告诉我们，政府规模一方面不能过大，另一方面又不能太小，而是要合理适度。合理适度的政府规模应当以政府与市场的结合度、政府对资源的支配度、政府支出的约束度、公共产品的供给度、社会公众的满足度等标准，作为评价政府规模是否合理适度的科学依据。

人们经常用一个地区公务人员数量和常住人口的比例，来衡量公务人员数量的合理性程度。一般来说，"政府公务人员的数量被认为是政府规模最直接的反映，政府公务人员数与人口之比成为衡量政府相对规模最主要的指标"。② 依照这个标准，澳门的常住人口约为 65 万，澳门公务人员和常住人口的比例大概为 1：20，相

---

① 童秀梅、杨发坤：《合理政府规模理念及其对我国行政组织改革的启示》，《行政与法》2012 年第 5 期，第 9～12 页。
② 娄胜华：《澳门政府规模的实证研究》，《学术研究》2003 年第 3 期，第 61 页。

比香港（约为 1∶40）、台湾（约为 1∶65）而言，属于公务人员数量较多的地区。

回归以来，随着政府职能的不断拓展及专业化，澳门特区政府的规模日益扩张，公务人员的数量不断增加。近五年澳门公务人员数量的资料显示，澳门公务人员由 2013 年的 27497 人增加到 2017 年的 31354 人（不包括受私法制度规范的基金会及其他公共机构如澳门基金会、澳门贸易投资促进局、澳门金融管理局、澳门大学、澳门理工学院及民航局的人员），4 年间增加了 3857 人，增幅达 14.03%，见表 1。

表 1　澳门公务人员数量统计

单位：人

时间（年）	2013	2014	2015	2016	2017
公务人员数目	27497	28701	29976	30831	31354
与去年同期比较的变动	2.06%	4.38%	4.44%	2.85%	1.70%

资料来源：澳门公共行政人力资源统计资料，澳门行政公职局网站。

近年来，澳门社会不时有声音批评政府不断增加人手，公务人员数量增长过快，政府规模过于庞大。社会认为，政府规模的增长和公务人员数目的增加是可以理解的，但前提是行政效率需要提高，政府能力需要提升。"随着澳门面积及人口的增加，政府承担的职能不断扩大，公务员队伍相应地扩大，社会是可以理解的，但前提必须是优化服务、慎用资源，而不是无规划地徒增人数，队伍不断膨胀，陷入一种'效率越慢、请人越多'的恶性循环。"[①]

关于社会对公务人员数目过多的质疑，澳门特区政府的回应主要是从三个方面来说明和解释。一是强调政府各部门的职

---

① 《何润生促梳理公务员体制》，《华侨报》2014 年 8 月 21 日，第 22 版。

能工作都是因应社会发展而大量增加的，公务人员的增加是基于职能发展的刚性需求而产生的；二是澳门对公务人员数目的计算方式是包括所有由政府支薪的公职人员，与香港等地区的计算方式不同；三是澳门特区政府公共服务对象不仅仅是 60 多万的常住人口，而是 60 多万的常住人口加上每年 3000 万左右的游客。

1.1.2　澳门特区公务人员的结构

澳门特区政府行政长官辖下主要有五个司，即行政法务司、经济财政司、保安司、社会文化司和运输工务司，这五个司的工作人员占澳门特区政府公务人员的绝大多数。根据 2017 年 9 月的最新统计数字，在五个司中，保安司的公务人员最多，占全部公务人员的 35.21%，其次是社会文化司的公务人员，占全部公务人员的 27.77%，这两个司的公务人员加起来占到特区政府公务人员的 62.98%。另外三个司中，行政法务司的公务人员占全部公务人员的比例为 12.96%，经济财政司的公务人员占全部公务人员的比例最少，为 6.87%，运输工务司的公务人员占全部公务人员的比例为 10.61%，这三个司加起来的公务人员占全部公务人员的比例为 30.44%，还不到保安司和社会文化司的一半，见表 2。

表 2　按政府各司及其他机构划分的公共人力资源统计

	数量	百分比
行政长官	774	2.47%
行政法务司	4053	12.96%
经济财政司	2149	6.87%
保安司	11014	35.21%
社会文化司	8687	27.77%

	数量	百分比
运输工务司	3319	10.61%
廉政公署	243	0.78%
审计署	121	0.39%
立法会辅助部门	107	0.34%
法院	494	1.58%
检察院	318	1.02%
总数	31279	100.00%

资料来源：澳门公共行政人力资源统计资料，澳门行政公职局网站。

从雇佣法律关系上看，澳门公务人员和特区政府之间有各种各样的任用关系形式，包括确定性委任、临时性委任、定期委任、行政任用合同、个人劳动合同等形式。当中，根据澳门公职人员章程的规定，以确定性委任或定期委任作出的任用赋予公务员的资格，以临时性委任或行政任用合同制度作出的任用赋予服务人员的资格。2015 年，第 12/2015 号法律《公共部门劳动合同制度》将原有的编制内合同、编制外合同以及散位合同等都统一为行政任用合同制度。2017 年 9 月的统计数字显示，行政任用合同制度占的比例最高，为 48.5%，接近一半。确定性委任和定期委任的为公务员，也就是通常所说的最为核心和稳定的"实位"，占的比重为 37.11% + 3.46% = 40.57%。因此，特区政府公务人员中，行政任用合同占的比例最高，"非实位"的公务人员多于"实位"的公务人员，见表 3。

表 3　按雇佣法律关系划分的公共人力资源统计

	数量	百分比
确定性委任	11607	37.11%
临时性委任	1168	3.73%

续表

	数量	百分比
定期委任	1083	3.46%
行政任用合同	15170	48.50%
退休后续聘人员	24	0.08%
编制内散位	15	0.05%
临时定期委任	8	0.03%
代任制度（主管）	82	0.26%
个人劳动合同	2077	6.64%
其他	45	0.14%
总数	31279	100.00%

资料来源：澳门公共行政人力资源统计资料，澳门行政公职局网站。

从人员组别划分看，澳门公务人员主要可以分为一般公共行政人员中的高级技术员、技术员、技术辅导员、行政技术助理员、工人和领导主管。当中，技术辅导员和行政技术助理员又可以统合成技术辅导人员。从 2016 年澳门公共行政人力资源统计资料看，各个公务人员的人员组别中，技术辅导人员的人数最多，有 8282 人；其次是高级技术员，有 5308 人，然后是工人 4804 人，技术员 2523 人，领导及主管 809 人，见表 4。

表 4　按人员组别划分的公共人力资源统计（2016）

人员组别	界别		总数
	行政系统	保安系统	
领导及主管	687	122	809
司法官	79	0	79
顾问及技术顾问	98	19	117
高级技术员	5039	269	5308
教师	623	1	624
技术员	2305	218	2523

人员组别	界别		总数
	行政系统	保安系统	
技术辅导人员	6763	1519	8282
保安部队人员	0	8048	8048
工人	4213	591	4804
其他	230	7	237
总数	20037	10794	30831

资料来源：澳门公共行政人力资源统计（2016），澳门行政公职局。

1.2 澳门公务人员的行业特点

1.2.1 规模较大

依照澳门特区政府统计暨普查局就业调查的数字，2017 年第二季"公共行政及社保事务"的行业人数是 2.72 万人（其中男士为 1.61 万人，女士为 1.11 万人），占总就业人数 38.23 万人的7.1%，在澳门 14 个行业当中行业总数排第六位，次于文娱博彩及其他服务业的 9.21 万人、酒店及饮食业的 5.54 万人、批发及零售业的 4.69 万人、建筑业的 3.49 万人，不动产及工商服务业的 3.13 万人，见表 5。

表 5　2017 年第二季澳门按行业统计的就业人数

单位：千人

行业		就业人口	失业人口	
			小计	寻找新工作
总数	合共	382.3	7.9	7.0
	男性	190.7	4.7	4.1
	女性	191.6	3.2	2.9

行业		就业人口	失业人口	
			小计	寻找新工作
1. 制造业	合共	6.6	0.1	–
	男性	3.3	0.1	–
	女性	3.2	–	–
2. 水电及气体生产供应业	合共	0.8	–	–
	男性	0.7	–	–
	女性	0.1	–	–
3. 建筑业	合共	34.9	1.2	1.2
	男性	30.8	1.1	1.2
	女性	4.2	0.1	–
4. 批发及零售业	合共	46.9	0.9	1.1
	男性	21.5	0.5	0.4
	女性	25.4	0.4	0.7
5. 酒店及饮食业	合共	55.4	1.2	0.9
	男性	28.6	0.9	0.5
	女性	26.7	0.2	0.3
6. 运输、仓储及通讯业	合共	17.7	0.2	0.2
	男性	13.8	0.1	0.1
	女性	3.9	0.1	0.1
7. 金融业	合共	12.2	0.3	0.3
	男性	5.3	0.2	0.2
	女性	6.8	0.2	0.1
8. 不动产及工商服务业	合共	31.3	0.8	0.6
	男性	18.7	0.4	0.3
	女性	12.7	0.4	0.4
9. 公共行政及社保事务	合共	27.2	0.3	0.1
	男性	16.1	0.1	0.1
	女性	11.1	0.2	–
10. 教育	合共	16.0	0.2	0.1
	男性	6.1	–	–
	女性	10.0	0.2	0.1

行业		就业人口	失业人口	
			小计	寻找新工作
11. 医疗卫生及社会福利	合共	13.8	0.4	0.3
	男性	3.6	0.2	0.1
	女性	10.1	0.2	0.2
12. 文娱博彩及其他服务业	合共	92.1	2.3	2.2
	男性	40.6	1.3	1.2
	女性	51.6	1.1	1.0
13. 家务工作	合共	26.8	—	0.1
	男性	1.1	—	0.1
	女性	25.8	—	—
14. 其他	合共	0.5	—	—
	男性	0.5	—	—
	女性	0.1	—	—

资料来源：澳门统计暨普查局网站。

1.2.2 收入中位数最高

从 2011 年到 2016 年的统计结果看，澳门公共行政及社保事务行业的收入中位数最高。2011 年，澳门公共行政及社保事务行业的收入中位数为 20700 澳门币，比第二位的水电及气体生产供应业的 17500 澳门币高出约 18.29%，是澳门总体收入的中位数 10000 澳门币的 2.07 倍，是最后一位的制造业的收入中位数 6500 的约 3.18 倍。以 2016 年的收入中位数看，2016 年澳门公共行政及社保事务行业的收入中位数为 35000 澳门币，比第二位的水电及气体生产供应业的 23000 澳门币高出约 52.17%，是澳门总体收入的中位数 15000 澳门币的约 2.33 倍，是最后一位的制造业的收入中位数 11300 澳门币的约 3.10 倍。从 2011 年到 2016 年公共行政及社保事务行业的收入数的纵向发展来看，2016 年的收入中位数是 2011 年收入中位数的约 1.69 倍，见表 6。

表6 2011 以来澳门按行业统计之月工作
总收入中位数（澳门币）

年份	总体	制造业	水电及气体生产供应业	建筑业	批发及零售业	酒店及饮食业	运输、仓储及通讯业	金融业	不动产及工商服务业	公共行政及社保事务	文娱博彩及其他服务业
2011	10000	6500	17500	10100	8000	7500	10000	12000	7000	20700	13000
2012	11300	7500	16000	11700	9000	8300	11000	14000	8000	25000	14500
2013	12000	8500	18000	12000	10000	8800	12300	16000	9000	27200	15300
2014	13300	9000	21000	13000	10000	10000	13000	17000	9500	30000	17000
2015	15000	10300	26000	13000	12000	10000	14000	18000	9500	34800	18000
2016	15000	11300	23000	15000	12000	10000	14000	20000	10000	35000	19000

资料来源：澳门统计暨普查局网站。

这主要是由于近些年澳门特区政府为公务人员连续加薪所引起的。近年来，澳门公务员连续加薪，每薪俸点从 2010 年的 59 澳门元加至 2017 年的 83 澳门元，增幅为 40.68%。当前，定期调整公务人员薪酬已经成为澳门特区政府施政的一个常规政策和做法。从 2012 年开始，澳门特区政府专门成立了公务人员薪酬评议会，根据通胀水平、购买能力和政府财政状况等情况来厘定薪酬调整的幅度。

1.3 澳门公务人员制度的改革历程

澳门自回归以来，特区政府就一直注重行政改革。回归伊始，行政长官何厚铧先生就曾经明确指出，"我们与广大市民一样，清楚了解改革公共行政的必要性和迫切性"。① 特区政府清醒地意识到，稳定的行政架构和公务人员队伍对于特区政府施政的重要意义。澳门公务员制度改革，事实上是澳门特区政府行政改革的不可分离的组成部分。回归后澳门公务员制度改革的发展历程，可以作为了解澳门在回归后公共行政改革的一根主线。回顾澳门公务员制度改革发展历程，有助于对澳门在回归后施政经验进行总结。

回归后澳门公务人员制度改革整体上是从易到难，从点到面。回归后澳门公务员制度改革的历程，大致可以分为四个阶段：第一阶段为改革的萌动阶段，以公务人员的培训为重点，注重加强公务人员的工作效率、服务素质，包括服务承诺和一站式服务的推进；第二阶段为重大改革的推出阶段，主要包括公务人员评核、退休制度的改革，并酝酿其他公务人员制度的改革；第三阶段为改革的全面铺开阶段，主要以行政改革路线图为标志，对公务人员的职程、领导主管等作出全面改革。第四阶段为"能力导向"改革的阶段，试图用"能力导向"的精神和理念来引导澳门公务人员制度的全面改革。

1.3.1　第一阶段：公务员制度改革的萌动：提高服务素质

何厚铧先生 1999 年"知难而进、共创新机"的参选政纲中提到，"要响应各界人士对提高公务员工作效率等要求，建立申诉机制，改良公共行政服务，淡化官僚制度，减少市民与公营机构的隔膜。要恪守用人唯才、唯实的准则，不唯亲、不唯上、不搞小圈子"。② 由此，我们不难推断，回归前的澳门公务人员制

---

① 《中华人民共和国澳门特别行政区政府二○○一年财政年度施政报告》。
② 《知难而进，共创新机：何厚铧参选政纲撮要》，《澳门日报》1999 年 4 月 19 日，第 A01 版。

度，至少在以下三个方面是值得改进的，一是公务员效率较低、二是公务员与市民有隔阂，三是用人唯才有待完善。

面对这些问题，特区政府在回归后不久便启动了公务员制度的改革，致力于提高公务人员的素质，提升公共服务的素质。具体来讲，特区政府通过改善公众服务、加强公务人员的培训以及灌输"以民为本"的行政理念等方面来推动公务员制度的改革。

首先，改善服务，响应要求。特区政府成立伊始，把提高服务素质列入政府首要的工作日程。特区政府全力以赴，尽可能简化市民办理有关事项的程序和手续，提供各种有效的通信渠道，以方便市民查询政府服务的信息和数据，尽量节省市民的时间。在这个基础上，政府建立了"服务承诺"的机制和计划，参考国际行政改革的经验，在政府部门尝试引入例如 ISO9000 等企业管理的先进模式，全面建立起优质服务。此外，政府对市民的意见和投诉快速做处理和响应。

其次，灌输"以民为本"、"公仆"的公共行政理念。特区政府继续改进行政运作的基本出发点，是在全体公务人员中进一步强化服务特区、服务市民的公仆观念。为此，政府积极地推动肃贪倡廉的运动，廉政公署遵循"肃贪、防范、立法、教育"的总原则开展工作，致力通过运作上的制度化和现代化，对于贪污犯罪活动，廉署主动进行调查，全力予以打击。

最后，加强公务员的培训。为了强化公仆观念，提高服务的素质和能力，特区政府持续积极地安排公务人员的培训。政府首先抓好中、高层公务人员的培训，同时配合特区公务人员新时代使命的一系列训练课程开始全面启动。有关课程的授课对象，涵盖了全体公务人员，使公务人员明白本身的工作在政府整个施政理念中的位置和意义。从培训内容来看，政府不仅提供专门技能的培训，而且还提供全面性的政治及公共行政培训。

回归初期提升服务素质、灌输公仆意识的改革运动取得了可喜的成果。公务人员服务市民的意识和态度有了改善，公务人员同社会的联系进一步加强，公务人员更加了解社会的情况和市民的需要，一定程度上提高了工作责任感。

1.3.2 第二阶段：公务人员制度重大改革的推出

回归初期的改革涉及的只是公务员制度改革的表层，真正意义上的制度改革依然没有启动。对此，立法会主席曹其真指出，"立法会的工作人员都是很好笑容的，但若然连市民最低的要求工作人员都不能应付，只是态度好并没有用。故此，希望政府应从制度方面去推行改革"[①]。这就意味着，澳门公务员制度改革亟须进入一个深入变革的阶段，从 2004 年开始，澳门先后推出了新的公务人员工作表现评核制度和新的公积金制度等新的制度，表明澳门公务人员的制度改革进入一个深化发展的阶段，公务人员制度重大改革频繁推出。

首先是公务人员工作表现评核制度改革。回归初期，特区政府就意识到，客观、科学的绩效评核以及据此而实行的奖惩制度，将有助于激励公务人员的士气。针对目前评核制度存在的不足之处，政府提出相关的改革建议，希望尽早引入量化评核标准。这一计划在 2004 年底 2005 年初得以推行。

其次是公积金制度的改革。2006 年颁布的《公务人员公积金制度》，意味着退休金制度在养老保险制度中的逐步退出以及公积金制度在养老保险制度中的引入。公积金制度最显著的特点就是取消了公务员、服务人员和散位人员在养老保障的差别，消除了公务人员内部的二元差异，意味着各种类型的公务人员都有了

---

① 《曹其真轰行政改革拖六年》，《市民日报》2005 年 11 月 24 日，第 P05 版。

政府提供的养老保障。

1.3.3　第三阶段：全面铺开阶段

2007 年，面对社会变迁的挑战，政府下定决心，将更加明确地朝着更具根本性、整体性和深层性的方向，推进公共行政的改革。2007 年 6 月，特区政府推出 2007～2009 年度的公共行政改革路线图，提出了包括公务员制度改革在内的各项公共行政改革。在公务员制度改革的范畴中，路线图涉及的主要是公务人员的职程修订和官员问责的内容，对应的是公务员职程制度的改革和领导主管人员通则的改革。

首先是一般职程制度改革。经过公务人员内部咨询及广泛征求公务人员的意见之后，澳门公务人员职程制度形成了新的改革方案，《公务人员职程制度》法案已经在澳门立法会获得了一般性的通过，其对原有的澳门公务人员职程制度的修订主要体现在七个方面：简化一般职程和特殊职程的设置，透过合并和撤销将原来的九个职级简化为新的六个职级；提升部分职程的入职学历；引入工作经验代替职前培训、实习；建立对内对外入职机制；增加 "培训" 作为晋级条件；增加职级和职阶；成立统筹、负责入职、晋级等招聘和甄选事务的中央管理机制[1]。其中，"增加职级和职阶" 的改革，是职程制度改革的重点所在。在新的职程制度中，调整了人员组别，精简了级别；增加了职阶和薪俸点；调整了晋升时间。从整体来看，垂直职级出现新的职级，横向出现新的职阶。

其次是领导主管人员通则改革。为了让领导和主管人员更加

---

[1]　《公务人员职程制度（法案）理由陈述》，澳门特别行政区立法会网页，http://www.al.gov.mo/proposta/trabalhadores/nota_justificativa_cn.pdf。

负责，提升领导及主管人员的管理能力和服务能力，同时也使得领导和主管人员更加廉洁，特区政府制定了《领导及主管人员通则的基本规定》法案，并获得立法会一般性通过。从整体上来看，通则注重加强问责，订定了由犯错、过失或违法行为而被问责的有效机制，并且引入达成"人事结合"的新评价机制。具体而言，法案内容包括实行领导主管人员的调职安排、实施领导人员的工作表现评审，规定领导主管人员终止职务后如果从事私人事务需要获得许可，禁止领导主管人员不能出任的情况，实行领导主管人员的职务补贴、解决长期代任的问题、延长定期委任的任期上限等等。

1.3.4 第四阶段："能力导向"改革

2014 年以来，特区政府决定引入"能力导向"的理念和精神对公务人员制度进行系统化的改革。

在"能力导向"的指引下，特区政府致力于解决好诸如竞争上岗、委任领导人员以及合理的职程设计等问题，提高公务人员士气，迈向更加公平公正的公务人员制度。基本上，整个公职制度改革均以能力为导向。未来特区政府的招聘制度、培训制度、晋升制度、评核制度、职程制度乃至薪酬制度等，都将遵循"能力导向"的精神。

首先是职程制度的改革。行政法务司司长陈海帆曾公开表示，在新的职程制度改革中，需要"以能力为导向，作为检讨《公务人员职程制度》的方向，重新分析公务员担任不同职程职务所要求的能力"。[①]

---

① 《先调整职程制度再研分级政府冀能力导向调薪》，《澳门日报》2016 年 9 月 20 日，第 A02 版。

其次是晋升制度的改革。行政公职局对晋升制度改革的强调重点是"以能力和绩效为导向","现时一些发达国家和高效政府以绩效和能力导向,设置公务员晋升制度,并综合考虑人员的学历、经验、品德、能力、知识、技能、表现和潜质等,增加晋升途径,激励公务员努力工作,提高工作质量。经比较研究后,特区政府考虑从过去强调以学历、经验、年资为导向,渐转为以能力及绩效为导向,以及晋升方式将从单一化逐步走向多元化的可行方案,扩大公务员向上流动空间,为有潜能和表现优秀者提供合适的发展机会"。①

再次是招聘制度的改革。特区政府新一轮的招聘制度改革的主要措施在于将公职招聘考试区分为"综合能力考试"和"专业能力考试",是能力导向精神的直接体现。"特区政府以能力导向,优化招聘制度,提升素质及绩效。统一管理开考由行政公职局主导,用人部门协同参与,分两阶段进行,首阶段是行政公职局负责的'综合能力考试',合格后便可向负责'专业或职务能力考试'的用人部门报考。"②

最后是评核制度的改革。贯穿新一轮评核制度改革的基本精神和原则也是"能力导向",在此原则下进行评核制度的重大改革,包括和问责的结合、第三方评核的引入、市民满意度的引入以及部门绩效和个人绩效的结合。"绩效评审是问责制的基础,第三方评审是绩效评审的一部分,主要是调查市民的满意度,此外还要看部门的预算执行、施政执行情况,要有各方面的总体评价才能评核。部门、领导、人员绩效相互结合,是评核制度主要

---

① 《未来晋升靠能力绩效公职局:不公开聘领导主管》,《澳门日报》2016 年 2 月 12 日,第 A03 版。
② 《公仆统一开考今起接受报考》,《华侨报》2016 年 10 月 20 日,第 13 版。

修改方向，最基本的原则则是能力导向。"①

1.4 澳门公务人员制度改革的特定情境

公务员制度是内嵌于一个地区的政治、经济、社会和文化制度的制度。澳门公务人员存在的很多问题都与澳门特有的政治、经济、历史和文化的实际情况息息相关。为此，有必要了解澳门公务人员存在的诸多问题背后的政治、经济、社会、历史、文化等方面的特定情境。

1.4.1 行政主导的政治体制

澳门的政治体制是行政主导的体制。行政主导，是国家在制订基本法之初就已确定的指导港澳特别行政区内部政治运作的重要原则之一。② 行政主导体制主要体现的是行政对立法的主导性。行政主导体制下，虽然有行政权、立法权和司法权的分化，但从严格意义讲，澳门并非三权分立的政治体制，权力之间的制衡关系体现得并不明显。所谓行政主导制，其实就是行政长官主导制。

行政主导体制下的立法行政关系，与总统制下的立法行政关系和议会制下的立法行政关系都有着明显的差异。一方面，它不同于总统制下行政权与立法权相互独立、相互制约的模式，行政主导体制下的行政立法关系，设立了类似行政会这样的机制来确保行政权和立法权在分立之后的统一和协调。另一方面，它又不

---

① 《问责制要结合绩效评审政府委托学术机构分析报告明年中出炉》，《澳门日报》2016年11月23日，第B01版。

② 周挺：《行政主导在澳实施经验的思考》，《澳门日报》2018年7月4日，第E05版。

同于"议行合一"的议会制模式。与议会制"由选民选出议会，再由议会选出政府"的法理逻辑不同的是，行政主导下的行政和立法是两个分别独立运行的体系，不存在"两权合一"的问题。可以讲，港澳地区的行政主导制，在世界各国的政制丛林中有着自身的独特性和代表性，或者说，在世界各国的政权体系中，行政主导体制有着一定的制度创新性，它是中国根据港澳地区的具体情况而度身定做的一种制度设计。

换个角度看，行政主导制又是总统制和议会制的一种复杂混合体，它糅合了总统制和议会制的一些制度特质。例如，基本法一方面赋予了行政长官较大的权力，这种权力类似于总统制赋予总统的权力。另一方面，基本法赋予行政长官解散立法会的权力，而这种权力是在议会制中的国家元首所拥有的权力。可以这样理解，如果把总统制看成一个以制约价值为导向的极点，把议会制看成一个以配合价值为导向的极点，那么行政主导制就是处于两个极点之中的中间地带，它交杂着总统制和议会制的一些特征。

肖蔚云先生曾经对这一立法行政的制约配合关系作出注解：行政立法关系互相制约，互相配合，重在配合。[①] 可见，从基本法设计者对于行政主导制的设计理念来看，是强调配合的价值多于制约的价值。在基本法的框架下，行政主导制中的澳门立法行政关系是一种既制约又配合的关系，其中，配合是主导层面的内容。从实践上看，基本法冀求达成的"互相制约、互相配合"的立法行政关系往往是一种制度理想，现实中澳门的立法行政关系更多的是"配合为主，制约为辅"，行政主导的政治体制下，政

---

① 肖蔚云：《关于香港特别行政区基本法的几个问题》，《法学杂志》2005 年第 2 期，第 8 页。

府缺乏立法会的强力制约。

1.4.2　社团社会

澳门社团的数量众多，截至 2018 年 8 月初，澳门社团已经超过 8700 多个，这意味着澳门大概 80 个常住人口中就有一个社团，社团的密集度非常高。正是源于澳门社团对政府政策的影响力，澳门社会被普遍认为是典型的社团社会，民众和各个社会界别的很多政治要求都通过社团表达。

公务人员团体是澳门众多社团中的一个界别，会员主要由在政府任职或曾任职的公务人员组成。早在 2005 年，澳门就已经有公务人员团体 30 多个，几乎包括了所有的公共服务领域，具有多样性的色彩。① 诚然，澳门公务人员团体在帮助特区政府施政中做了很多有益的工作，在政府的政策执行中承担了政府帮手的作用。然而，源于为公务人员争取权益的本质宗旨和使命，这些公务人员团体对公务员制度的改革形成了一定程度的制约。对于要进行科学化和专业主义改革的政府来讲，公务人员团体注入政府的更多是政治上的利益诉求。在一定程度上看，政府的公务员改革很多措施和方向都体现在满足这些公务人员团体的诉求上面，从而阻碍了在选才、用人、育人、留人上的一些良性的改革推行。

---

① 澳门公务人员社团包括：澳门公务华员职工会、澳门公务专业人员协会、澳门公职人员协会、澳门女公务员协会、澳门法律公共行政翻译学会、澳门公共行政管理学会、中山大学行政学系澳门同学会、澳门法学协进会、澳门卫生高级技术员协会、市政人员协会、澳门市政稽查人员协会、澳门警务人员协会、澳门翻译协会、澳门公职教育协会、澳门公立医院医生协会、澳门公共行政学会、澳门公共行政学友会、澳门护理人员协进会、澳门公职诊断及治疗技术员协会、澳门公共卫生学会、澳门社会工作人员协进会、澳门中葡护士会、澳门医务助理人员协进会、澳门专科护士会、澳门药剂专业人员协会、民政总署员工协进会。此外，还有澳门退休公务员联谊会，澳门退休警务人员公会，澳门退休、退役及领取抚恤金人士协会等，转自陈满详《公务员团体与政府施政》，《澳门公共行政杂志》第 67 期，第 89~93 页。

1.4.3 一业独大的特殊经济结构

澳门是一个典型的外向型微型经济体，自然资源匮乏，内需市场规模狭小，极度依赖外部市场。回归祖国以来，在赌权开放政策及中国内地自由行政策等诸多利好因素的作用下，澳门经济快速增长，取得了举世瞩目的经济发展成绩。表7显示了回归以来澳门本地生产总值及本地生产总值的变化。

由表7可见，回归以来，澳门的本地生产总值由500多亿澳门币上升到2017年的4000亿元澳门币，人均本地生产总值由12万多澳门币增加到60多万澳门币。可以说，经济的突飞猛进，验证了"一国两制"事业在澳门的成功实践。经济发展的骄人成绩加上澳门社会的和谐稳定，使得澳门成为"一国两制"的成功典范。

表7　回归以来澳门本地生产总值及本地生产总值的变化

年份	本地生产总值（百万澳门币）	本地生产总值变动率（%）	人均本地生产总值（澳门币）	人均本地生产总值变动率（%）
2000	53938	5.7	125271	5.0
2001	54718	2.9	126107	2.1
2002	58826	8.9	134181	7.8
2003	65734	11.7	148182	10.3
2004	84920	26.8	186776	23.7
2005	96872	8.1	204607	3.8
2006	118338	13.3	238057	7.9
2007	147382	14.4	282962	9.2
2008	167760	3.4	312149	0.2
2009	171467	1.3	318611	1.2
2010	225051	25.3	419153	25.6
2011	294347	21.7	536178	19.0
2012	343818	9.2	603525	5.3

年份	本地生产总值 （百万澳门币）	本地生产总值 变动率（％）	人均本地生产总值 （澳门币）	人均本地生产 总值变动率（％）
2013	411865	11.2	692501	6.5
2014	442070	− 1.2	710895	− 5.5
2015	362213	− 21.6	564635	− 24.0
2016	362265	− 0.9	560913	− 1.5
2017	404199	9.1	622803	8.6

资料来源：澳门统计暨普查局网站。

　　然而，澳门在本地生产总值和人均本地生长总值的喜人成绩的背后，隐藏着澳门存在博彩业一业独大的发展隐忧。回归以来，虽然澳门特区在推进经济适度多元发展方面，已经做了大量工作，也取得了一些成效，例如会展业、文化创意产业及中医药产业发展都有了一定程度的发展，但总体上仍然摆脱不了经济过度依赖博彩业的局面。表8显示了回归以来澳门博彩收入及博彩税的情况。

表8　回归以来澳门博彩收入及博彩税的情况

年份	博彩收入 （百万澳门币）	本地生产总值 （百万澳门币）	博彩税 （百万澳门币）	预算总收入 （千澳门币）
2000	–	53938	5647	12924559
2001	–	54718	6293	13521302
2002	23496	58826	7766	12373754
2003	30315	65734	10579	14120947
2004	43511	84920	15237	15776904
2005	47134	96872	17319	21601786
2006	57521	118338	20748	25310285
2007	83847	147382	31920（a）	30892327
2008	109826	167760	43208	43077497
2009	120383	171467	45698	48084799

年份	博彩收入 （百万澳门币）	本地生产总值 （百万澳门币）	博彩税 （百万澳门币）	预算总收入 （千澳门币）
2010	189588	225051	68776	58872349
2011	269058	294347	99656	79611203
2012	305235	343818	113378	115218602
2013	361866	411865	134382	134807982
2014	352714	442070	136710	153619701
2015	231811	362213	89573	119969628
2016	224128	362265	84375	103251523
2017	266607	404199	99845	102944056

资料来源：澳门统计暨普查局网站。

表 8 表明，澳门博彩收入占到澳门本地生产总值相当大的比重，博彩税更是占到澳门预算总收入的绝大部分。由此可见，澳门经济仍然存在一业独大的结构性问题，迈上经济适度多元的道路依然任重道远。澳门博彩业一业独大，其他行业发展相对滞后，市场狭小，澳门人的就业空间局限在公务员行业和博彩业这两大行业中，人才流动空间受限。不少受过高等教育的人才和中产阶级除了博彩业的就业选择外就是做政府的公务人员。表 5 的统计数字显示，澳门博彩业的就业人数大约占总就业人数的 1/4，而工资中位数相对较高。由于就业空间较为狭隘地集中在政府公职和博彩行业，公务员对稳定性的渴求比其他地方更为突出。这使得澳门政府在推行公务员制度改革的时候受到的阻力更大。

第 2 章　职程制度改革

公务人员职程制度是澳门公职法律制度的基础和核心，涉及澳门公务人员的招聘、薪酬、晋升、培训、评核等制度，是影响公务员士气的基本制度。换言之，公务人员职程制度是公职制度体系中的重要组成部分，关系到各级公务人员的入职条件、职务内容、工作分配、层级划分和薪酬结构等，涉及公务人员的职业生涯发展和收入等重大利益，职程制度亦与人员的招聘、评核、培训、晋升、薪酬等管理制度相互关联。因此，澳门公务人员职程制度改革是澳门公务人员制度改革的重要环节。回归以来，澳门特区政府对职程制度的改革主要体现在 2009 年改革和 2016 年改革上。

2.1　2009 年职程制度改革的主要内容

2009 年《公务人员职程制度》法案对原有的澳门公务人员职程制度的修订主要体现在七个方面：简化一般职程和特殊职程的设置，透过合并和撤销将原来的九个职级简化为新的六个职级；提升部分职程的入职学历；引入工作经验代替职前培训、实习；建立对内对外入职机制；增加"培训"作为晋级条件；增加职级和职阶；成立统筹、负责入职、晋级等招聘和甄选事务的中央管理机制。[①]

---

① 《公务人员职程制度（法案）理由陈述》，澳门特别行政区立法会网页，http://www. al. gov. mo/proposta/trabalhadores/nota_ justificativa_ cn. pdf。

其中,"增加职级和职阶"这项改革内容,可以说是 2009 年职程制度改革的重点所在。

"增加职级和职阶"主要是为了解决公务人员职业生涯过短、无法有效激励"职程顶点"人员的问题。在当时的制度框架下,公务人员的晋升在公职生涯的前半阶段就可以达到公职职业生涯的顶点,公务人员在公职生涯的后半阶段的待遇、级别基本上处于一种停滞不前的状态,无法有效调动公务人员的积极性。以垂直职程中的高级技术员为例,在人员符合晋升要求(工作评核及具有一定的年资)的前提下,最快 12 年(最迟 18 年)可由职程的起点(430 点)到达职程的顶点(650 点)。假如该公务人员在 25 岁入职,那么他(她)最快在 37 岁,最迟在 43 岁便可以达到其职程的顶点。这就意味着,如果该名高级技术员没有被委任领导与主管职务的话,那么他(她)在 65 岁退休之前的薪俸点将维持不变。在这种情况下,增加职级和职阶,拉长公务人员的职程,提升对到达"职程顶点"人员的激励,就成为不少公务人员的迫切要求,同时也是澳门公务员制度走向科学化和合理化的内在需要。

我们可以从表 9 和表 10 的对比中更为直观和清楚地了解 2009 年澳门公务人员制度改革的主要内容。

表 9　2009 年之前的一般职程制度

人员组别	级别	职等	职级/职称	薪俸点						
				职阶						
				1	2	3	4	5	6	7
高级技术员	9	4	特级	600	625	650				
		3	首席	540	565	590				
		2	一等	385	510	535				

续表

人员组别	级别	职等	职级/职称	薪俸点						
				职阶						
				1	2	3	4	5	6	7
高级技术员	9	1	二等	430	455	480				
技术员	8	4	特级	505	525	545				
		3	首席	450	470	490				
		2	一等	400	420	440				
		1	二等	350	370	390				
专业技术员	7	4	特级	400	415	430				
		3	首席	350	365	360				
		2	一等	305	320	335				
		1	二等	260	275	290				
	6	4	特级	350	365	380				
		3	首席	305	320	335				
		2	一等	265	280	295				
		1	二等	225	240	255				
行政文员	5	4	特级	305	315	330				
		3	首席	265	275	290				
		2	一等	230	240	255				
		1	二等	195	205	220				
		4	首席行政文员	305	315	330				
		3	一等文员	265	275	290				
		2	二等文员	230	240	255				
		1	三等文员	195	205	220				
工人及助理员		4	熟练工人	150	160	170	180	200	220	240
		3	半熟练工人及熟练助理员	130	140	150	160	170	190	210
		2	工人	110	120	130	140	150	160	180
		1	助理员	100	110	120	130	140	150	160

资料来源:第 86/89/M 号法令,订定澳门公职一般及特别职程制度。

表 10 2009 年改革后的一般职程制度

人员组别	级别	职等	职级/职称	薪俸点 职阶									
				1	2	3	4	5	6	7	8	9	10
高级技术员	6	5	首席特级	660	685	710	735						
		4	特级	600	625	650							
		3	首席	540	565	590							
		2	一等	385	510	535							
		1	二等	430	455	480							
技术员	5	5	首席特级	560	580	600	620						
		4	特级	505	525	545							
		3	首席	450	470	490							
		2	一等	400	420	440							
		1	二等	350	370	390							
技术辅导员	4	5	首席特级	450	465	480	495						
		4	特级	400	415	430							
		3	首席	350	365	360							
		2	一等	305	320	335							
		1	二等	260	275	290							
行政技术助理员	3	5	首席特级	345	355	370	385						
		4	特级	305	315	330							
		3	首席	265	275	290							
		2	一等	230	240	255							
		1	二等	195	205	220							
技术工人	2			150	160	170	180	200	220	240	260	280	300
勤杂人员	1			110	120	130	140	150	160	180	200	220	240

资料来源：第 14/2009 号法律《公务人员职程制度》。

从新旧一般职程制度的不同设置中可见，在新的职程制度中，垂直职级出现新的职级，横向出现新的职阶。具体来说，体现了以下四个方面的主要变化。

2.1.1 调整人员组别

从人员组别上，原来的人员组别有"高级技术员"、"技术员"、"专业技术员"、"行政文员"、"工人及助理员"等五个人员组别；改革后的人员组别则变成了"高级技术员"、"技术员"、"技术辅导员"、"行政技术助理员"、"技术工人"、"勤杂人员"等六个组别。

2.1.2 精简级别

从级别上看，原来的公务人员职程有九个级别，其中，工人和助理员分为四个级别，分别是：第一级别"助理员"，第二级别"工人"，第三级别"半熟练工人及熟练助理员"，第四级别"熟练工人"。"行政文员"为第五级别，"专业技术员"中有第六级别和第七级别的分化，"技术员"为第八级别，"高级技术员"为第九级别。改革后的级别只有六个级别，其中，原来第一级别"助理员"和第二级别"工人"合并为新的第一级别，并把人员组别改为"勤杂人员"；原来第三级别"半熟练工人及熟练助理员"和第四级别"熟练工人"合并成为新的第二级别，并把人员组别改为"技术工人"，原来第五级别的"行政人员"改成新的第三级别"行政技术助理员"；取消原来第六级别的"专业技术员"，原来第七级别的"专业技术员"改成新的第四级别的"技术辅导员"，原来第八级别的"技术员"改成新的第五级别的"技术员"，原来第九级别的"高级技术员"改成新的第六级别的"高级技术员"。

2.1.3 增加职等、职阶和薪俸点

原来工人和助理员的职阶由原来的七个增加到十个。除此之

外的其他人员组别由原来的四个职等改成五个职等，新增加的第五个职等包括四个职阶，比其他职等多了一个职阶。原有的第一级别"助理员"和第二、三级别"工人"、"半熟练工人"合并为新的第一级别后，起薪点统一确定为原来第二级别的起薪点110点，并且由于职阶的增加，该组别的最高薪俸点由原来的180点提高到240点；原有的第三级别"熟练助理员"和第四级别"熟练工人"合并成为新的第二级别后，起薪点统一确定为原来第四级别的起薪点150点，并且由于职阶的增加，该组别的最高薪俸点由原来的240点提高到300点。同样，由于其他人员组别内部都增加一个职等，即由原来的四个职等变为五个职等之后，也就增加了相应的薪酬。比如，高级技术员在工作12年后到达650点之后，仍有晋升的机会，其薪俸点在随后的职业生涯中会有所提升，而在其退休时的薪俸点将为735点，比原有的制度高出了约13%。

2.1.4　调整晋升时间

延长新增加的职阶的晋升时间为五年或者四年（工作表现评核不低于"满意"，新职阶的晋升时间为五年；工作表现评核不低于"十分满意"，新职阶的晋升时间为四年）。这种晋升时间的调整，适用于晋升到新的第一级别和第二级别的第八、九、十职阶所需要的时间，以及晋升到其他组别的新职等和新职阶所需要的时间。由此，由入职至顶点所需服务的时间最短为29年，而最长则为33年。

2.2　2009年职程制度改革的困境

2009年职程制度改革的动机主要是从延长公务人员整个职业

生涯的晋升前景出发的，旨在提高员工对工作的投入感和归属感，提升职程制度的激励功能。行政法务司多次强调，这次职程修改并不是加人工，其目的是调整、修订不合理职程，包括各项津贴，把公务员工作生涯延长。① 然而，拉长职阶和职级，延长公务员工作生涯，虽然可以延长公务人员晋升到职业生涯最高顶点的时间，解决公务人员到了"职程顶点"的激励问题，但与此同时却被认为是为到达"职程顶点"的公务员加工资，引发基层人员的不满。对此，有议员指出，"政府制定的职程制度法案，让人有肥上瘦下的感觉。政府虽强调今次调整职程非加人工，但这种不公平情况，却打击公务员的积极性，影响公务员队伍的稳定"。②

由于澳门公务人员的薪酬制度本质上是一种职级工资制，改革增加职级和职阶的做法，本质上无疑是增加了薪酬，从而引发了利益分配之后公平与否的问题，体现在以下几个方面。

2.2.1 受益不同步

"虽然并非所有现职公务人员会因增加了职级和职阶而实时受惠，但全体公务员在可见的将来亦可因此设置而受惠。"③ 虽然政府一再强调这是一份全体公务人员都受惠的改革方案，但不管政府如何阐释新制度的优越性，此次改革内在地存在公务人员受益不同步的问题，这主要表现在"职程顶点"公务人员和低层公务人员受益的不同步。在新的职程制度中，"职程顶点"人员可直接受益，但相比之下，由于晋升时间太长，低层公务人员要等

---

① 《检讨公务员职程制度》，《正报》2008年11月19日，第11版。
② 《公务员职程法案打击士气议员倡调升福利重建高效队伍》，《澳门日报》2008年11月19日，第B05版。
③ 《公务员将受惠于新职程》，《华侨报》2008年10月21日，第7版。

待相当长一段时间才能受益，无法直接受惠于此次的改革方案。在新的制度下，公务员在职程生涯中的晋级、晋阶所花费的时间，要比旧制延长很长时间，例如，有些垂直职级到达顶点将由原来的 13 年，延长至 33 年，横向职阶到达顶点由原来的 21 年延长至 36 年。

由于晋升时间的拉长，对于刚刚入职的公务人员来说，改革后的受惠事实上处于一种遥不可及的状态。如果某公务人员在其职业生涯的中途离职，那么改革后所产生的受益则会荡然无存，而对于入职时间较晚的公务人员来说，更是无法从此次改革中受益，"职程顶点"对于他们而言成了无法实现的空中楼阁。正是在这个层面中，不少公务人员团体和社会人士纷纷提出要增加入职的薪俸点，以此使刚入职和处于登顶过程的公务人员实时受益，而不是让其受益处于一种预期和未来的状态，毕竟处于将来状态的利益具有不确定性。

2.2.2　受益幅度不均

据统计，新职程编制下，政府每年将增加 11.53 亿澳门元财政开支。依据当前的改革方案，改革后的"勤杂人员"的"职程顶点"薪酬可增加 33.3%（由 180 点增加到 240 点），"技术人员"的"职程顶点"薪酬可增加 25%（由 240 点增加到 300 点），"行政技术辅助员"的"职程顶点"薪酬可增加约 16.7%（由 330 点增加到 385 点），"技术辅导员"的"职程顶点"薪酬可增加约 15.1%（由 430 点增加到 495 点）。"技术员"的"职程顶点"薪酬可增加约 13.8%（由 545 点增加到 620 点），"高级技术员"的"职程顶点"薪酬可增加约 13.1%（由 650 点增加到 735 点）。可以看出，从增加受益的比例上看，此次的改革对基层公务人员是有所照顾和倾斜的，"勤杂人员"增加薪酬的比例远远高于"高级技术员"增加的薪酬比例。然而,有议员却关注到了增加薪酬的绝对量上,特别是把原来的工人在改革后所可能增加的薪酬量和领导主管可能增加的薪酬量比较之后,指出政府此次的改革方案是一份肥上瘦下法案,"在建议对领导主管人员大幅变相加薪15%到20%,即每月加薪3800元至11800元的比较之下,勤杂人员(原工人及助理员)只增加30%,即10点的590元,落差之大,印象深刻,肥上瘦下"。[①] 可见,虽然政府考虑到了受益比向基层公务人员的倾斜,但由于受益绝对量的巨大落差,仍然受到受益幅度不同一、不公平的批评。

2.2.3 受益的激励性不足

对于能够实时受益的"职程顶点"人员来说,对于新增加的薪酬点,不少意见认为吸引力和激励性并不大。以高级技术员为例,按现行法例,公务员由低职阶晋升至最高职阶,一般只需12年到13年的时间,但法案新增的职级及职阶,每晋升一级要四年或五年,由现在的"职程顶点"晋升至新增的最高职阶,便需多花16年至20年时间,但该四个职阶只是增加了85点。可以说,与漫长的晋升时间相比,新增加的受益显得微不足道。不少高级技术人员坦言,可能增加的受益对他们并不会产生很大的激励和调动作用。有公务人员团体也表示,"这样的'职业生涯规划'在逻辑上欠缺合理性,更遑论对公务员能起到激励作用"。[②]

---

① 《万千宠爱在公仆 议员力撑争权益》,http://home.macau.ctm.net/~sonpou/2111/Wu.htm。

② 《公专会指职程法案不合逻辑 倡整体提升薪俸点至合理水平激励公务员》,《澳门日报》2008年9月21日,第A08版。

2.2.4 晋升权益受损

"晋升权益受损"主要指的是原来的一级到四级的公务人员的情况。一方面，一至四级的工人及助理员缩为两级，令原来处于第二级别的工人、第四级别的熟练工人觉得降级，就此，有议员反映"部分人员觉得被矮化、得不到认同"。[①] 另一方面，由于原来的第一级别和第二级别合并为新的第一级别，原来的第三级别和第四级别合并为新的第二级别，原一般职程制度中一至四级的工人及助理员合并为新的第一级别和第二级别，但规定按原薪俸点转入新级别的职阶，这就使得原来由下向上合并的员工，由于按照现在的薪俸点跳入新职级或职阶，大多数人的职阶将向下调，直接影响完成"职程顶点"的时间。

总而言之，公务人员职程制度改革的核心是薪酬制度和晋升制度的改革要回归到激励功能的原点上来思考制度改革，注重制度的公平价值，实现利益均衡，更有利于改革的顺利进行。

2.3 2016 年职程制度的改革

2014 年以来，澳门特区政府致力优化公务人员管理体制，逐步推进以能力为导向的公职制度改革。2016 年，以能力为导向的改革理念为指导，澳门特区政府启动了对公务人员职程制度新一轮的改革。职程制度改革是第三届特区政府行政改革中的主要内容，崔世安行政长官在竞选时就强调，"行政改革是下任政府的施政重点，将保持五司架构，检讨公务员职程制度，理顺部门职

---

① 《梁玉华促分析意见消误解 公务员不满职程制度忽视要求》，《澳门日报》2008 年 8 月 5 日，第 C4 版。

能，不再出现职能重迭，提高效率"。①

在政府的改革预想中，将分两个阶段来对公务人员职程制度进行全面的检视和总结完善，落实"精兵简政"施政目标，从而提升公务人员团队的整体素质及绩效，为市民提供优质服务。第一阶段主要是针对职程制度中相对独立且较受公务人员关注的问题进行修改，包括在重新界定和合并职程时，未充分考虑不同职程之间的关系而导致部分特别职程设计欠妥善；入职要件的规范未能配合人员招聘的需要；职程内晋级程序的效益不彰和有欠公平。第二阶段是开展整体研究，全面检讨一般职程及特别职程制度并提出全盘的改革方案。第二阶段将在第一阶段改革的基础上，针对其他问题，如职程转入时涉及的年资问题和对一般职程进行重新设计等，并结合对招聘与甄选管理、晋升条件、人员流动及薪酬福利等内容的深入研究，全面检讨一般职程及特别职程制度，在咨询及听取各方意见后提出全盘的改革方案并进行修法工作。

2.3.1　第一阶段的改革

在第一阶段，政府首先针对职程制度中相对独立且较受公务人员关注的问题进行修改。政府制定了《修改第 14/2009 号法律〈公务人员职程制度〉》法律草案，建议在公务员入职条件包括学历要求、工作证明以及统一开考制度和晋升评核等部分进行完善。当中，在学历要求方面，法案建议根据国际学制的不同学位制度，调整原有制度关于要求四年学士学位的规定；在工作证明方面，原有制度要求提供个人声明和雇主声明，法案则建议相关工作经验证明取消个人声明，统一以雇主发出。

---

① 《理顺部门职能 提升行政效率》，《濠江日报》2014 年 8 月 26 日，第 A01 版。

　　首先，优先分析特别职程，针对不同入职条件的薪酬合理性提出调整方案。特区政府针对特别职程问题进行研究和修改，优先选择一些问题较大的职程开展工作，如地籍测量员、市政监督等职程。① 建议修订部分特别职程的薪俸点，分别是：海上交通控制员、地形测量员和水文员，修改后会与其他相同入职条件的职程相同；海上交通控制员、地形测量员及水文员三个特别职程的薪俸点，为 280 点至 515 点；海上交通控制员、地形测量员和水文员等职程的薪俸点，修改后与入职要件相同的其他职程的薪俸点相同。

　　其次，将统一管理开考明确划分为"综合能力评估开考"和"专业或者职务能力评估开考"。法案建议，把统一管理开考明确划分为"综合能力评估开考"及"专业或职务能力评估开考"两个互相紧扣但又各自独立的开考项目，并根据开考对象界定不同的开考方式及定义。

　　再次，明确担任高级技术员职务所需要的学历程度。政府在新法案中规定，学士学位可因应发出相关文凭的当地实行的学制，而不限于原有学历制度规定的 4 年。对此，立法会议员关翠杏指出，这种调整不是降低条件，而是适应外地情况。"政府为吸引更多在外地留学的人士报考公职，在法案中调整了过去学历制度的规定，在高等学历，即学士、硕士、博士学位，由以往法律规定需要 4 年学士学位要求，调整成因应发出相关文凭的当地实行的学制而不限于 4 年的学士学位，部分条文亦需要与高教法吻合。规定有所调整是开放了，但并非降低条件，而是适应外地情况。"②

---

① 《改革央聘及检讨职程制度》，《华侨报》2015 年 3 月 27 日，第 13 版。
② 《公仆职程学士学历不限 4 年》，《市民日报》2017 年 1 月 25 日，第 P04 版。

最后，在公务员晋升中取消晋级需要审查文件的开考方式。新法案规定，只要人员符合法定晋级要件，所属部门就必须在法定期间内为该人员展开相关的晋级程序，并以部门领导批示的方式取代开考程序，使"职级变更的程序更快捷、更高效"。[①] 有意见担心，取消晋升考试或导致不公平、暗箱操作。对此，立法会议员关翠杏也表示，"法案建议取消晋升考试，但并未减弱对于晋升者的考核，只是缩短了考试前后需花费的大量时间，从而减省行政程序"。[②]

2.3.2 第二阶段的改革

2018 年施政方针中提出，将就《公务人员职程制度》第二阶段的修订方案开展咨询，不少公务人员及公务人员团体均认同对制度作进一步完善。第二阶段的职程改革，在首阶段的基础上，结合公务人员职程制度的特性，包括对职程转入时涉及的年资问题、对一般职程进行重新设计等，对招聘与甄选、晋升条件、人员流动及薪酬福利等内容进行深入研究，全面检讨"职程制度"中关于公务员晋升及晋升所延伸出的薪酬、所需培训时数等问题，提出全盘的改革方案并进行修法工作。

这一阶段的改革，旨在保障更多基层人员向上流动，评核若获得一定级别，容许优秀的公务员由下一级直接升到上一级，比如技术员可直接晋升到高级技术员。[③] 政府在一般职程和综合职程综合研究分析的基础上，决定第一级至第六级职程是否有必要合并或分层。

---

① 《以能力为导向 先改欠妥之处 公仆职程两阶段修订》，《澳门日报》2016 年 12 月 2 日，第 A03 版。
② 《公职晋升取消考试》，《澳门时报》2017 年 1 月 17 日，第 02 版。
③ 《公务员晋升机制将完善》，《新华澳报》2017 年 11 月 23 日，第 P01 版。

1. 职务要求与学历的对应性

根据现行公职制度，公务人员的入职薪俸点与入职学历或培训要求挂钩，入职学历要求较高，其入职薪俸点亦会相应较高。虽然现行《公务人员职程制度》已先后于 2009 年及 2017 年作出修订，但有些职程的入职学历要求仍然沿用 30 年前的规定，例如统计暨普查局的普查暨调查员，其入职要求仍是初中学历。

随着社会和经济的发展，初中毕业的入职要求早已无法适应现今普查及统计工作所涉及的复杂性及技术性。因此，虽然按规定的入职要求较低，但实际上部门会聘用较高学历的人员以应付部门的工作需求和挑战，使得普查暨调查员的工作要求与所提供的薪酬长期不对称，导致近十年来调查员的流失率高；在人员队伍欠缺稳定性的情况下，极可能影响统计工作的开展及部门的发展。对于现有职程制度的种种问题，当局确实需要因应实际情况作出完善。①

2. 不同职程之间的开放流动

现有职程制度下，每晋升一个职阶要等两三年时间，而且随之调升的薪俸点非常有限。同时，不同职程之间封闭，晋级空间狭窄，不少公务人员为求快速"升职"，只能通过不断投考其他职程更好、薪俸点更高的职位，寻求改变职场困境。另外，在跨部门流动方面，同样缺乏成熟机制，不同部门之间人员横向流动比例较低，岗位和个人才能之间无法有效匹配，影响了在职人员的工作积极性，令不少在职人员选择重考公职。

打造一支高效活力的公务员队伍，是实现社会善治的重要基础。完善公职人员评核晋升机制，增加以能力和贡献为导向的晋

---

① 《学历要求未能响应职务需求 李静仪问当局会否检视》，《华侨报》2018 年 5 月 13 日，第 13 版。

级体系，符合提拔德才兼备人才的基本要求，是公务员制度改革的必然方向。就此，有议员提出质询，公务人员职程制度 2018 年将进入第二阶段咨询，在晋升制度方面应更多保障基层人员向上流动。"未来在评核和晋升制度设计上，如何设立不同职程之间更加开放的流动性制度安排，让绩效和个人能力在评核、晋升中发挥更大作用，鼓舞提升基层士气？"① 另外，该议员还提到针对跨部门公职人员横向流动比例仍较低，建议未来设立中央统筹机制，建立专项匹配平台，让用人部门和个人之间直接充分双向选择，合理优化公职人资配置，实现人尽其才的目标。

2.4　关于未来职程制度改革的建议

解决当前公务人员职程制度中存在的一些问题，特区政府需要着力于释放制度的激励功能，提高公务人员付出与收益的关联度，以提升公务人员的相对公平感，并致力于实现各阶层和各部门公务人员的利益均衡。

2.4.1　释放制度的激励功能

职程制度改革的核心是晋升制度改革和薪酬制度改革，这也是政府以职程制度改革为轴心来提高公务人员士气的根本原因所在。然而，在当前职程制度改革方案中，晋升制度和薪酬制度内在的激励功能远远没有被激发出来。例如，新近在许多国家和地区的公务员制度改革中所出现的"绩效晋升"与"绩效工资"的制度，在澳门公务人员的职程制度中就没有涉及。在这方面，已

---

① 《宋碧琪冀设中央统筹机制助公职人员横向流动》，《濠江日报》2018 年 4 月 3 日，第 B07 版。

经有了各种形式的试验和探索，中央政府在发布的《公务员职务任免与职务升降规定（试行）》中指出，公务员晋升职务，应当逐级晋升。特别优秀的公务员或者工作特殊需要的，可以破格或者越级晋升职务。此外，中央政府还探讨了公务员晋升的双梯制等新的晋升制度，有些地方政府积极引入了绩效薪酬的制度，促成有效的激励机制。反观澳门的职程制度改革，延长了公务员职业生涯，其他方面的制度创新式的改革还需进一步推进。澳门公务人员职程制度的改革，尚没有完全走出原有的僵化的制度框架，适度地引入"绩效晋升"与"绩效工资"的理念和做法，提升公务人员职业生涯的竞争性，是以公务人员职程制度改革提升公务人员士气的一个重要途径。

2.4.2　注重制度的公平价值

亚当斯的比较公平理论认为，一个人做出了成绩并取得了报酬以后，不仅关心自己所得报酬的绝对量，而且关心自己所得报酬的相对量。因此，他要进行种种比较来确定自己所得报酬是否合理，比较的结果将影响今后工作的积极性。每个人总会把自己付出的劳动和所得的报酬与他人比较即横向比较，也同个人的历史收入比较即纵向比较。如果个人报酬与投入的比率与组织内他人报酬与投入的比率相等，就会认为公平、合理，从而心情舒畅，努力工作。否则，就会感到不公平而降低工作积极性。当人们比较后感到不公平时，往往有心理曲解，改变对自己和别人的评价，有怠工，投诉等表现。[1] 长期以来，澳门公务人员士气低落的原因，不仅在于"职程顶点"人员无法得到有效激励，更重

---

① 参见王呈斌《民营企业薪酬满意度的实证研究——基于亚当斯公平理论的模型分析》，《经济理论与经济管理》2008 年第 8 期，第 17 ~ 21 页。

要的是在于公务人员队伍存在"同工不同酬"的现象，也就是说，在现有的澳门公务人员制度中，存在着公务人员的收入与付出不对称的问题，公务人员的付出与收益无法得到一个公平的制度保障。

澳门公务人员的职程制度改革，没能针对性地解决"同工不同酬"的现象，把改革的目标落在延长公务人员的生涯上，而不是在"同工不同酬"的问题上。高级公务人员在改革中的受益大于基层公务人员的受益，"职程顶点"公务人员的受益大于登顶过程中公务人员的受益，从而导致部分公务人员特别是基层公务人员的不满，损害了基层公务人员的公平感。对此，补救的方法在于从制度的公平价值出发，统筹公务人员受益的幅度和进度，并致力解决"同工不同酬"的问题，增强公务人员的薪酬与其贡献和成绩的关联性。

2.4.3 实现利益均衡

从公共行政和公正政策的利益分析来看，一项改革的成功要旨在于打破旧的利益均衡，实现新的利益均衡。改革的进程，必定要调整原来的利益格局，不可能使所有人的利益都得到实现，也不可能使每个人都满意。然而，在利益博弈和调整的过程中，尽管有些人受益有些人受损，但关键的一点在于达成新的利益均衡，否则便会引发利益矛盾，使部分公务人员产生不满意的情绪。

面对当前澳门公务人员的职程制度改革存在的问题和困难，政府应该进一步权衡全体公务人员受益的幅度和时间，避免这个改革成为所谓的"肥上瘦下"的改革，更好地平衡各部门和各层级公务人员的利益。为此，政府应该积极吸收公务人员内部各阶层乃至社会各界的广泛意见，实现公务人员受益的同步化和受益幅度的均衡化，争取出台一个各方都能接受的改革细则方案。

2.5　本章小结

　　为了提升澳门公务人员的士气，澳门特区政府启动了公务人员职程制度的改革，试图通过拉长公务人员职业生涯、增加公务人员薪酬的方式，调动公务人员的广泛积极性。然而，令政府始料未及的是，由于改革可能带来的利益重新分配的结果无法在公务人员中得到广泛的支持和认可，致使改革难以深入开展。为了走出这个困境，特区政府应该以更宽广的视野来看待公务人员的职程制度改革，全面综合地正视特区政府公务人员制度所存在的问题，对公务人员制度的"僵化晋升"、"同工不同酬"等病症开出行之有效的药方，才能真正地发挥职程制度的激励功能，提高公务人员的士气，实现公务人员的科学化、现代化管理模式。

第3章　招聘制度改革

3.1　部门招聘制度

在"中央招聘"制度①建立之前，澳门特区政府一直沿用澳葡政府旧有的法令（87/89/M 号法令核准的《澳门公共行政工作人员通则》及其他相关规定）招聘公务人员，各部门依据本身的人员需求状况，经有权限上级批准后，自行负责开考招聘工作，包括启动及公布开考程序、组织典试委员会、甄选及评核应考人、取录入职等。另外，有关助理技术员及行政文员职程的招聘开考由行政暨公职局集中管理，包括组织典试委员会、准备试题及批改考卷等事项，并根据应考人的考试名次和意愿与用人部门的需求，将人员分派到各部门任职。各部门在自行开考编制外合同及散位合同职位时，会优先考虑自荐人士及已于行政暨公职局就业登记所登记的具潜力的应聘人，采用的甄选方式亦因聘任职务的性质或其他相关要求而采取不同的方式，例如知识考试、专业面试、心理测验、甄选性培训等。

根据《澳门公共行政工作人员通则》的规定，实行中央集中聘用的制度（即助理技术人员及行政文员）之外的其他人员的聘用，均由各部门自行聘用。各部门依据人员需求情况，采用类似

① "中央招聘"是指统一由专门的部门行政公职局进行公务人员的招聘，而不是由各个职能部门进行公务人员的招聘。

中央集中聘用的步骤，各自组建典试委员会进行招聘。部门自行聘用制度存在如下问题。

第一，招聘组织成本高。由于人员招聘必须按照一定的法律程序进行，由各部门自行组织的人员招聘，各部门都要单独组建一个临时性的典试委员会；同时，一个完整的聘用程序花费时间长，从信息发布、知识考试、面试、公示到等待上诉等环节，往往长达 3～6 个月。甚至有的部门反映，为了招聘 2 个编制外翻译人员，从登报、笔试、面试到向行政公职局申请、检查、等待上诉等环节，前后用了一年多时间。而且由于分散性，造成招聘过程的高重复率，许多应聘者多头参加不同部门的入职招聘，重复率很高，增加了整体招聘成本，造成人力、物力资源的浪费。

第二，人员聘用标准不一。编制内职位录用考试中规定的笔试、面试和履历评核三部分所占比例，均由招聘机关自行确定，存在因人定制的现象。相关的法例对编制外人员的聘用程序、方法和录用标准也没有明确规定，领导与主管人员的升任没有统一客观的标准。

第三，编制控制不严。尽管编制内人员数量的增减须经过一定的法定程序，但对编制外人员的聘用没有明确规定，存在随意增减，不受编制约束的现象，使整个公共行政人员队伍数量增加较快。

第四，缺乏统一的学历认证机构。目前澳门应聘者的学历来自世界各国、各地，各聘用部门的人力资源主管难以对其进行甄别。因此，急需由中央专门机构的人员进行文凭甄别工作。

第五，应聘者的志愿选择面十分窄小。往往出现"多人争一职"和高学历者报考较低学历要求的职位等。[1]

---

[1] 以上问题的梳理参见陈瑞莲《澳门特别行政区中央聘用机制改革研究》，《澳门公共行政杂志》2007 年第 4 期，第 979～993 页。

3.2 "中央招聘"制度的出台

考虑到部门招聘方面的不足与困难，以及参考了各地政府的聘用方式改革经验后，澳门特区政府于 2011 年订定及颁布了第 23/2011 号《公务人员的招聘、甄选及晋级培训》和第 24/2011 号《行政公职局的组织及运作》行政法规，建立了公务人员"中央招聘"制度，对公务人员的招聘、甄选及其他人事制度作出标准、统一的制度化规范。

根据《公务人员的招聘、甄选及晋级培训》行政法规，澳门特区政府将对公务人员入职实行"中央招聘"及甄选管理，其适用范围包括除了有专门法规订定本身入职开考方式的职程以外的所有职程，所有实行入职"中央招聘"制度的职程均由行政长官以批示订定。在实践中，澳门特区政府对招聘及甄选程序实行"中央"管理的职程是高级技术员和技术辅导员，未来将逐步落实到所有人员职程（230/2011 号行政长官批示）。

澳门特区第 14/2009 号法律《公务人员职程制度》第十条第五款规定，"开考制度由补充法规订定"。同时，该法律的第十一条"中央"管理规定，"入职或晋级的招聘及甄选程序的中央管理，以及中央管理事务的主管实体由补充法规订定"。为履行此两项规定，澳门特区政府 2011 年制定颁布了《公务人员的招聘、甄选及晋级培训》行政法规，推行"中央招聘"制度，由行政公职局行使"中央"入职开考实体的职权，负责统一协调、管理公务人员的招聘。

设立"中央招聘"制度的基本目的，旨在确保公务员招聘的公平公正，防止之前部门招聘所可能引发的任人唯亲的情况。"确保招聘的公平、公开、公正，避免出现任人唯亲。方案的重点是确保公务人员入职制度的公平、公正、公开的原则，严禁私相授受，提升政府效能，减省行政成本和方便市民投考。"① 可见，"中央招聘"制度的基本目的有三个方面，一是确保公务人员入职制度公平公正；二是提高政府效能，减少行政成本；三是方便市民投考。

首先，确保公务人员入职制度公平公正，是"中央招聘"最为主要的目的。"中央招聘"相当于在用人部门和报考人员之间设立了一层监督机制，可以有效防止用人部门任人唯亲的情况发生。从招聘权的角度看，"中央招聘"意味着招聘权由用人部门向"中央"统筹部门的转移，实质上是招聘权向"中央"的回收和掌控。在"中央"的集中管理之下，部门招聘所可能发生的不规范的情形将失去生长的空间，从而可以有效防止利益输送及私相授受。一直以来，作为一个以东方文化为底色的"微型社会"，澳门公共行政受人情文化的影响较深，其衍生出来的"契仔文化"也深受市民的讨厌和批评。"中央招聘"制度推出之后，对澳门人情文化渗入公务人员入职招聘和甄选起到很好的抵制作用。尽管单独依靠"中央招聘"制度难以有力杜绝人情文化对澳门公共行政的负面影响，但"中央招聘"制度防范任人唯亲的价值是不容置疑的，澳门特区政府引入"中央招聘"制度的基点是值得充分肯定的。

其次，提高政府效能，减少行政成本，也是特区政府引入"中央招聘"制度的基本目的。"中央招聘"制度意味着将分散化的部门招聘进行整合和统一的管理，从而达成通过统合化实现成本节约的目的。部门招聘较为分散、各自进行，需要各用人部门

① 《提升效能减省成本便民投考 中央招聘确保"三公"》，《澳门日报》2011年9月23日，第A06版。

的人事机构专门组织招聘和甄选等工作,当中产生了庞大的人力、物力和财力,行政成本较为高昂。"中央招聘"制度则专门由统一的"中央招聘"管理组织来承担特区政府各部门的人事招聘工作,形成了行政成本的集约化,从而在制度预期上能实现减少行政成本、提高行政效能的目的。

最后,"中央招聘"制度的目的在于方便市民报考。除了减少政府的行政成本,确保入职制度的公平公正之外,"中央招聘"的核心目的还在于便利市民报考。原来的部门招聘体系,各部门的招聘信息过于零散,考生难以通过统一的途径获取全面的信息,从而不利于考生掌握考试主动权。而实行"中央招聘"制度之后,所有部门招聘的考试信息就有了一个"中央"统筹的平台,方便考生进行整体的把握。从这个角度看,"中央招聘"制度的出台,有利于市民职业发展的规划。

从一定程度上讲,"中央招聘"制度的引入,是对原有的部门招聘制度的升级和优化。与部门招聘分散管理模式相比,"中央招聘"制度采取"中央"管理的方式,由行政公职局负责统一收集各公共部门的人员需求,并拟定招聘和甄选计划后开展及统筹入职"中央"开考工作,有利于各部门节省人员入职的开考时间、统一聘用标准,从而降低各部门在人力及行政上的费用,减少市民报考不同部门繁复的手续,节省时间。"中央招聘"由行政公职局确定典试委员会的人选,主要从领导及主管人员中,或从职级等于或高于所开考职级的公务人员中选出,优先挑选主要与开考职程的职务范畴相同的人员担任;同时公职局亦可要求其他公共部门的人员担任,从而进一步确保开考过程的公平性和认受性。①

---

① 刘荣健:《澳门特区公务员中央招聘制度简析》,《澳门公共行政杂志》第99期,第13~24页。

3.3　"中央招聘"制度的制度设计偏差

澳门的"中央招聘"制度在制度设计上，存在着"局部推行"、"抽签分配"、"周期过长"的偏差，一定程度上影响了对既有的"公平公正"、"减少成本"、"方便市民"目标的实现。

3.3.1　局部推行

"中央招聘"制度并非在所有的职程都推行，而是仅在高级技术员和技术辅导员两个职程实施。根据第 14/2009 号法律《公务人员职程制度》第十一条第二款的规定"对招聘及甄选程序实行中央管理的职程，须由公布于《澳门特别行政区公报》的行政长官批示订定"。由此第 230/2011 号行政长官批示做了规定，"对招聘及甄选程序实行中央管理的职程如下：（一）高级技术员；（二）技术辅导员"。澳门特区政府将高级技术员和技术辅导员纳入"中央"招聘的范畴的主要依据是这两个职程的需求比较大，"按公职局向公共部门及实体进行的两次人员需求调查结果均显示，各公共部门对高级技术员及技术辅导员的需求较其他职程大。因此公职局将透过行政长官批示，订定优先进行该两项职程的中央招聘工作"。①

根据澳门《公务人员职程制度》的规定，一般职程自上而下分为四个人员组别，分别是高级技术员、技术员、技术辅导人员以及工人。其中，高级技术员组别是第六级别，职务是创造，学历要求是学士学位，对应的一般职程是高级技术员和兽医 2 个一

---

① 《统一标准确保公正，拟十一月实施公务员中央招聘》，《澳门日报》2011 年 8 月 3 日，第 A01 版。

般职程。技术员组别是第五级别，职务是应用，学历要求是高等课程，对应的一般职程是技术员。技术辅导人员组别是第四、第三级别，职务是执行。其中，第四级别的学历要求是高中毕业，对应的一般职程是技术辅导员、公关督导员、车辆查验员、车辆驾驶考试员；第三级别的学历要求是初中毕业，对应的一般职程是行政技术助理员、普查暨调查员、摄影师及视听器材操作员、照相排版员和邮务文员。工人组别是第二、第一级别，职务是执行。其中，第二级别的学历要求是小学毕业且具有专业资格或工作经验，对应的一般职程是技术工人；第一级别的学历要求是小学毕业，对应的一般职程是勤杂人员，如表 11 所示。

表 11　澳门特区公务人员一般职程制度概貌

组别	职务	级别	学历	一般职程	一般职程数目（个）
高级技术员	创造	六	学士学位	高级技术员、兽医	2
技术员	应用	五	高等课程	技术员	1
技术辅导人员	执行	四	高中毕业	技术辅导员、公关督导员、车辆查验员、车辆驾驶考试员	4
		三	初中毕业	行政技术助理员、普查暨调查员、摄影师及视听器材操作员、照相排版员、邮务文员	5
工人	执行	二	小学毕业且具有专业资格或工作经验	技术工人	1
		一	小学毕业	勤杂人员	1

为了更好地理解实施"中央招聘"制度的公务人员占澳门特区政府公务人员的比例，有必要了解高级技术员职程和技术辅导员职程的人数。根据 2016 年澳门公共人力资源统计数字的统计结果，2016 年澳门公务人员的总数为 30831 人，其中高级技术员为5308 人，技术辅导人员为 8282 人。由于政府公开的资料中，难

以分辨出 8282 人中技术辅导人员和行政技术助理员的人数，所以很难精确计算"中央招聘"的公务人员占澳门全部在职公务人员总数的比例，但即便是"5308 + 8282 = 13590"的人数也不及政府公务人员总数的一半。如果以技术辅导人员和行政技术助理员1∶1 的比例人数粗略估算，实行中央招聘的公务人员"5308 + 4141 = 9449"，大概占澳门公务人员总数的 31%，具体可见第一章中表 4。

3. 3. 2　抽签分配

为确保公平公正的选拔程序，"中央招聘"制度采取抽签式的安排，部门考生没有选择权，在"中央招聘"制度之下，"考试合格者将按成绩高低安排进入各政府部门，并采用抽签方式配对，故部门不能选人，报考者亦不能选部门"。[①]"抽签方式配对"可以最大限度地杜绝"任人唯亲"，但在一定程度上也有它的弊端，损害了用人部门和报考人员的自主性和选择权。由于配对是随机的，也就有可能是盲目的，很难产生"以事选人"、"人事合一"的效果。

3. 3. 3　周期过长

在澳门公共行政的制度实践中，"中央招聘"效率低下，周期过长。"中央招聘"限制了政府部门聘请人手，开考工作极为缓慢，一直为其他部门诟病。[②] 有社会批评声音指出，"中央招聘进程缓慢，澳门特区政府在 2011 年推行至 2015 年进行 5 次开考，

---

① 《准备需时耗用资源大 中央招聘不会定期开考》，《澳门日报》2011 年 8 月 22 日，第 A03 版。
② 《行政法务业务繁多宜加把劲》，《市民日报》2015 年 1 月 16 日，第 P01 版。

首批报考人士到 2015 年仍未入职，程序烦琐，效率低下"①。以 2012 年"中央招聘"技术辅导员为例，从开考通知、确认报名名单到专业知识考试需要 14 个月，成绩名单出炉又需要 4 个月，完成抽签分配近半年，至 2015 年 3 月仍然有不少被录取者未能正式入职。

3.4 "中央招聘"制度的制度设计偏差产生的影响

在运行实践上，由于制度设计的偏差，"中央招聘"制度出现了"招聘效率低下"和"人员配置不对口"的问题。

3.4.1 对部门执行力的影响

用人部门难以如期招聘到有关的人员，对政府部门的执行力产生了负面的影响。首先，人员不到位是不少部门执行力不高的原因之一。2013 年澳门财政年度预算执行率偏低的环保局，预算执行率只有约 72%，其主要原因之一就是"中央招聘"人员未能如期到位。② 另外，澳门凼仔中央公园图书馆之所以迟迟未能开馆，也主要是源于"中央招聘"进程缓慢，影响部门增聘人员。其次，对用人部门的人事管理造成不好的影响。由于"中央招聘"人员的周期过长，即便现有员工的工作表现不好，相关的主管也不敢轻易中止其合同。最后，衍生部门不规范的招聘方式。2017 年廉政公署披露出澳门文化局长期违规招聘人员的问题。事实上，用人部门自行招聘大量职位，在一定程度上是由于"中央招聘"过慢。对于这一点，廉署报告就指出了，"文化局以'工

---

① 《议员：中央招聘花三年世所罕见》，《市民日报》2015 年 3 月 27 日，第 P01 版。
② 《工程性质复杂延误 空有计划执行率低，五亿环保改造得个吉?》，《澳门日报》2015 年 1 月 18 日，第 A01 版。

作多、人手少、招聘慢'为由，违反有关开考及中央招聘的法律规定，绕过上级机关的审批和监管，以取得劳务的方式长期大量聘用工作人员"。①

3.4.2　对公务人员的工作积极性和士气的影响

首先，"中央招聘"采用抽签方式聘用公务人员，使公务人员很难选择到自己喜欢的部门工作，因而影响了公务人员的工作积极性和士气。"以抽签方式聘用公务员，因不同岗位有不同的需要，以抽签方式未必能配合部门的要求，公务员被分配到非心仪的部门，对其工作情绪和发挥亦有影响。"②

其次，由于"中央招聘"制度的周期过长，有些用人部门用"降低职程"的方法来规避"中央招聘"，以便能够及时找到相关人员完成既定的工作。但这样做的结果，却导致本来应该是高级技术员职程的工作却成为技术员的工作，本来应该是技术辅导员的工作却成为行政技术助理员的工作，从而衍生出能力、岗位、薪酬不对称的情况，进而加大了人员之间的矛盾，最终导致士气低落。"一些部门在无可奈何之下，想方设法'绕过'央聘，以降低职级等'快捷方式'解用人之急，因此出现同工不同酬的情况，更衍生公务员队伍各种内部矛盾。"③

最后，在"中央招聘"制度中，跨职程向上流动的难度大大增加，在一定程度上挫伤了公务人员的工作积极性和士气。在"中央招聘"制度之前，澳门公务人员是有机会实现跨职程的向上流动的，即行政技术助理员向技术辅导员、技术辅导员向技术员、技术员向高级技术员的向上流动。然而，"中央招聘"制度

---

① 《文化局检讨初稿昨完成》，《濠江日报》2017 年 4 月 6 日，第 A02 版。
② 《中央招聘保留原意改辕易辙》，《市民日报》2015 年 3 月 28 日，第 P04 版。
③ 《郑安庭质询中央招聘改革》，《华侨报》2015 年 4 月 22 日，第 41 版。

出台之后，高级技术员和技术辅导员的入职基本上是全社会人员参与竞争，就使得原本政府工作的技术员和行政技术助理员流动到上一级职称的难度大大加大。即便是有关人员通过考试在激烈的竞争中胜出，但相当于开始一份新的工作，也很难有机会通过抽签的方式留在原来的部门或职位工作，并非是原来工作的晋升。

3.5 统一管理开考制度对"中央招聘"制度的变革

回归祖国以来，澳门特区政府不断优化公职法律制度。特区政府 2011 年推出了公务人员入职的"中央招聘"制度，致力于从制度上防范部门招聘所可能引发的任人唯亲现象，确保公务人员入职招聘的公平公正。然而，"中央招聘"制度"局部推行"、"抽签分配"、"周期过长"的特点，也带来了人员错配、部门执行力不高、人员士气低落等问题。在全面检讨公务人员"中央招聘"制度后，特区政府推出了"统一管理开考制度"，对"中央招聘"制度进行了改革和升级，扩大"中央招聘"的范围，提升部门与人员的双向选择权，缩短招聘时间。

"检讨公务人员中央招聘制度"是近年来澳门特区政府治理和公共行政改革的施政重点。崔世安 2014 年在《同心致远，共享繁荣》参选政纲的"善治篇"中指出，"精兵简政、优化人员管理"的主要依托是"进一步检讨公务人员中央招聘制度"及"修订《公务人员职程制度》"。2015 财政年度施政报告强调，要全面检讨"中央招聘"制度的入职及分配。2016 财政年度施政报告指出，"本着用人以能、任人唯贤、双向选择的原则，对'中央招聘'制度进行改革，实行统一集中、两级考试，提升招聘质量与效率。2016 年将完成修订《公务人员的招聘、甄选及晋级培训制度》的有关工作"。五年规划也提到了，"认真检讨现行中央招聘制度的不足，在参考邻近地区招聘公务人员经验的基础上，落实修订现行法规，完善相关制度"。

2016 年 7 月，澳门特区政府颁布了第 14/2016 号行政法规《公务人员的招聘、甄选及晋级培训》，出台了统一管理开考制度。统一管理开考制度是对"中央招聘"制度的超越和代替。统一管理开考制度以能力为导向对入职公务人员进行开考和甄选，分两个阶段进行，第一阶段是由行政公职局负责的综合能力考试，第二阶段是用人部门负责的职务能力考试或专业能力考试。

特区政府为何要全面检讨"中央招聘"制度？"中央招聘"制度经过短短五年之后告终，被统一管理开考制度取代，是制度本身出了问题，还是制度在运行中出了问题？本章对比了统一管理开考制度和"中央招聘"制度在招聘范畴及运转模式的不同，指出在公平公正、招聘效率、人口配对等方面，统一管理开考制度是对"中央招聘"制度的改良和优化。

在全面检讨"中央招聘"制度的基础上，统一管理开考制度扩大了"中央招聘"的范围，改良了公职局和用人部门的关系，将公职局与用人部门的分工模式改进为合作模式，并大大缩短了入职开考的时间。

3.5.1 扩大"中央招聘"的范围

对"中央招聘"存在的诸多问题，社会有意见认为"中央招聘"过去多年都发挥不到作用，应该取消，主张招聘制度下放回局级。[1] 对此，特区政府的立场还是比较明确的，尽管"中央招

---

[1] 《高天赐：先做好内部调配方增公仆》，《市民日报》2014 年 12 月 24 日，第 P 04 版。

聘"存在这样那样的问题，但"中央招聘"和统一招聘的做法可以有效防止任人唯亲，因此要保留统一招聘的定位。"政府方面普遍认同中央招聘制度有存在的必要性，建议提高效率、缩短开考时间，改善考卷内容、增加科学性，妥善处理好中央招聘和部门招聘的关系等。"① 不仅如此，有社会意见要求基于公平公正的需要，应扩大"中央"开考的范畴。"议员施家伦提出书面质询，指现时中央开考只限于高级技术员及技术辅导员，当局计划于今年举行的中央资格考试，则有高级技术员、技术辅导员及工人组别。他引述有意见认为，这些职程推行中央资格试，招聘程序将复杂过招聘行政技术助理员和技术员。他质询当局，为确保不发生各部门绕过中央资格试招聘，会否扩大中央开考范围。"②

由此，在新出台的统一管理开考制度中，"中央招聘"的原则不仅得到了保留，而且得到了进一步的强化和扩大。第235/2016 号行政长官批示：第 14/2009 号法律规范的所有一般职程及特别职程实行统一管理。"中央招聘"的职程范畴是高级技术员和技术辅导员，而统一管理开考的职程范畴则是第 14/2009 号法律《公务人员职程制度》规范的职程，涵盖 14 个一般职程及 19个特别职程。③ 如表 12 所示。

---

① 《立会促提升中央招聘制度效率》，《大众报》2014 年 12 月 4 日，第 P04 版。
② 《施家伦倡扩大中央开考范围》，《濠江日报》2016 年 4 月 2 日，第 B02 版。
③ 旅业及酒店业学校辅导员不属于统一管理开考的职程范围。这是因为，目前，第 14/2016 号行政法规《公务人员的招聘、甄选及晋级培训》的第一条第二款"本行政法规所定的制度不影响为特别职程订定的专有制度的适用"。由于第 477/99/M 号训令《修改〈旅游学院教学人员及酒店业专业培训人员通则〉》和第 35/2016 号行政命令《修改〈旅游学院教学人员及酒店业专业培训人员通则〉》专门规范了旅业及酒店业学校辅导员的要求，所以该特别职程人员的开考不受统一管理开考的影响。

表 12　　"中央招聘"和统一管理开考的范围比较

入职方式	职程范畴
"中央招聘"	高级技术员和技术辅导员
统一管理开考	14 个一般职程：高级技术员、兽医、技术员、技术辅导员、公关督导员、车辆查验员、车辆驾驶考试员、行政技术助理员、普查暨调查员、摄影师及视听器材操作员、照相排版员、邮务文员、技术工人、勤杂人员。 19 个特别职程：邮务辅导技术员、邮差、统计技术员、照相排版系统操作员、翻译员、文案、督察、气象高级技术员、气象技术员、绘图员、技术稽查、海上交通控制员、水文员、海事督导员、海事人员、无线电通讯辅导技术员、地形测量员、重型车辆司机、轻型车辆司机

　　值得一提的是，在统一管理开考制度中，不是所有职程的公务人员都实行统一管理开考的入职开考。比如，教育范畴、司法范畴、文牍范畴、登记及公证范畴、卫生范畴及保安范畴的特别职程由专有法律规范，这些职程就不实行统一管理开考的方式。但就整体而言，统一管理开考制度将 14 个一般职程和 19 个特别职程纳入"中央"开考和统一开考的范畴，大大扩大了"中央招聘"的力度和范围，也极大地推动了公务人员入职开考方式的统一化。

3.5.2　改良公职局与用人部门的关系

　　在"中央招聘"制度中，部门开考与"中央"开考相互分离，各自管理，互不干涉，各自负责不同职程的开考过程，没有合作，彼此的关系较为粗放。当中，公职局负责"中央"开考，即高级技术员和技术辅导员的开考；用人部门负责普通开考，即负责高级技术员和技术辅导员之外所有职程的开考。这种模式可以称为"公职局和用人部门的分工模式"。表 13 以高级技术员、技术员、技术辅导员、行政技术助理员、技术工人、勤杂工人等六个职程为例，说明了"中央招聘"制度中公职局与用人部门的分工模式。

表 13　"中央招聘"制度：公职局与用人部门的分工模式

职程	负责部门	类型
高级技术员	公职局	中央开考
技术员	用人部门	普通开考
技术辅导员	公职局	中央开考
行政技术助理员	用人部门	普通开考
工人（技术工人、勤杂工人）	用人部门	普通开考

　　在统一管理开考制度中，公职局和用人部门共同完成完整的开考过程，两者是上游与下游的合作关系。公职局负责综合能力评估，对担任职务所需的一般才能及胜任力进行评估。用人部门由行政公职局指引及监督，负责专业或职务能力评估部门，对担任职务所需的特定胜任力进行评估，用人部门开考与"中央"开考相互结合，相互合作。在用人部门主导的专业或职务能力评估中，又区分出职务能力评估和专业能力评估两种考试方式。一是针对普通性及共通性职务的职务能力评估，即针对勤杂人员、行政技术助理员、技术辅导员等职程，用人部门只需要进行面试就可以了；二是针对专业性较强职程的专业能力评估，即针对高级技术员、技术员和特别职程，用人部门需要进行笔试及面试。表14以高级技术员、技术员、技术辅导员、行政技术助理员、技术工人、勤杂人员等六个职程为例，说明了统一管理开考制度中公职局与用人部门的合作模式。

表 14　统一管理开考制度：公职局与用人部门的合作模式

职程	负责部门	负责范畴
高级技术员	公职局	负责综合能力评估，对担任职务所需的一般才能及胜任力进行评估
	用人部门	专业能力考试（笔试及面试）

职程	负责部门	负责范畴
技术员	公职局	负责综合能力评估，对担任职务所需的一般才能及胜任力进行评估
	用人部门	专业能力考试（笔试及面试）
技术辅导员	公职局	负责综合能力评估，对担任职务所需的一般才能及胜任力进行评估
	用人部门	用人部门根据职务要求进行职务能力考核，面试
行政技术助理员	公职局	负责综合能力评估，对担任职务所需的一般才能及胜任力进行评估
	用人部门	用人部门根据职务要求进行职务能力考核，面试
技术工人	公职局	负责综合能力评估，对担任职务所需的一般才能及胜任力进行评估
	用人部门	用人部门根据职务要求进行职务能力考核，面试
勤杂人员	公职局	负责综合能力评估，对担任职务所需的一般才能及胜任力进行评估
	用人部门	用人部门根据职务要求进行职务能力考核，面试

3.5.3　缩短入职开考的时间

在"中央招聘"知识考试与统一招聘"综合能力考试"阶段中，比如两个考试都在 2014 年 4 月 30 日刊登开考通告为例，"中央招聘"知识考试（连上诉期）于 2014 年 11 月 26 日完成，需要的时间是 6 个月 26 日（210 日），而统一招聘综合能力考试（连上诉期）于 2014 年 9 月 19 日便可完成，需要的时间是 4 个月 19 日（142 日）。这样，统一招聘综合能力考试比"中央招聘"知识考试节省 2 个多月（68 日）。同样，对普遍性及共通性职程考试，统一招聘比"中央招聘"总需时节省了 4 个多月（142 日）。对专业性较强的职程考试，统一招聘比"中央招聘"需时节省了 3 个多月（112 日）。

3.6　本章小结

统一管理开考制度改革和完善了"中央招聘"制度，覆盖的范围更广，监督的对象更宽，更能体现公平正义，同时提高了效率，缩短了时间，优化了模式，是值得肯定的制度变革。然而，一个好的公务人员招聘制度的标准是多元化的，要在制度公平公正、人员士气、行政效率等多项标准中寻求平衡。统一管理开考制度在改良和完善"中央招聘"制度的同时，是否又会引发出新的问题？能否有效提升士气？如何体现公职局的指引监督作用？这些问题有赖于澳门特区政府在制度运行实践中进行精细化的制度设计。只有从根本上确保制度的公平公正以及有效提升公务人员士气，统一管理开考制度才能不断得到优化和持续发展。

第4章　评核制度改革

公务员绩效评估是政府绩效评估的基础环节。本章从政府绩效的工具性、沟通性和管理性出发，对澳门公务人员工作表现评核制度的制度精神和制度设计进行分析，指出澳门公务人员工作表现评核制度充分意识到了政府绩效的工具性和沟通性，与此同时，制度仍然没有实现从绩效测量到绩效管理的转型，需要在实践的探索中进一步完善。

"绩效评估可分为个人绩效评估和组织绩效评估。"① 从某种意义上讲，个人绩效评估是组织绩效评估的基础。在政府管理的实践中，政府能否有效运行，很大程度上取决于公务员的素质和办事效率，公务员绩效评估是政府绩效评估的基础环节。因此，政府绩效的相关理论，可以为解读公务员的绩效评估提供分析框架。

4.1　工作表现评核制度的出台

澳门第31/2004号行政法规《公共行政工作人员的工作表现评核一般制度》于2005年1月1日正式生效，对澳门公务人员执行职务时的工作表现进行评核。澳门公务人员工作表现评核制

---

① 周志忍：《公共组织绩效评估——英国的经验及其对我们的启示》，《新视野》1995年第5期，第38页。

度，坚持伦理、诚实、公平、公正、无私及平等原则，是澳门政府公共行政改革的重要环节，具有比较明显的制度特色。

首先，澳门公务人员工作表现评核制度有规范的评核程序，前后包括了三次评核会议，是一项持续、系统、定期的评估。评核程序规定，在评核人会议后到第二年1月15日期间，评核人须与被评核人举行第一次评核会议，确定在即将开始的评核期间，工作人员将达到的目标和成果。通过目标的澄清，促使工作人员反思本身的潜力，提升个人的工作责任感。第二次会议在评核所针对期间的中段举行，查核工作人员对第一次会议所定目标和成果的达标情况。第三次会议则在评核所针对之年的12月份到第二年的1月15日举行，对被评核人的工作表现做最后评审，并对改善工作表现的措施达成协议。

其次，按照工作环境、职务范围及性质，以及其所属部门的架构、目标和活动计划，评核制度分类设置了各种组别的评核项目。评核方法针对公务员评估对象和岗位的特殊性，不同层级、不同岗位的公务员设定不同的目标。在评估项目的设置上共有15个，所有人员都需要评核的有7个，即强制性的评核项目，包括工作成效、责任感、不断改善工作、适应性及灵活性、工作上的人际关系、在工作岗位的勤谨态度、工作时间的管理；按职务性质而决定是否采用的评核项目有8个，即主动性及自主能力、革新及创造力、资源管理、团队工作、与公众的关系、团队的管理与领导、协商及决策、工作上的使命感。在评分方法上，各评核项目以1~5分计算。其中，工作成效和责任感作两倍评分计算。此外，还可以将最多两项对职务特别重要的评核项目定为两倍评分计算，其计算公式为：

$$最终评分 = \frac{[2\times 项目（一）的评分] + [2\times 项目（二）的评分] + (\sum 其他评核项目的评分)}{2 + 评核项目总数}$$

表 15 举例说明了澳门公务人员的工作表现总评分计算方法，其中，得到评分为 5 分、4 分、3 分、2 分、1 分相对应的质量评语分别是优异、十分满意、满意、不大满意和不满意。

表 15 某个公务人员的总评分计算方法（举例）

评核指标	评分	评分系数	得分
工作成效	3	2	6
责任感	4	2	8
不断改善工作	3	1	3
适应性及灵活性	4	1	4
工作上的人际关系	4	1	4
在工作岗位的勤谨态度	4	1	4
工作时间的管理	4	1	4
主动性及自主能力	3	1	3
与公众的关系	4	2	8
总数	9 个评核指标	12 = 3（两倍评分的指标数量）+ 9（评核指标总数）	44
最终评分	$\lfloor 2 \times 3 + 2 \times 4 + 3 + 4 + 4 + 4 + 4 + 3 + 4 \times 2 \rfloor / \lfloor 3 + 9 \rfloor = 3.67 \approx 4$		

4.2 工作表现评核制度的审视

一直以来，政府绩效是公共行政研究的中心课题。在全球化的"企业化政府"的改革运动中，绩效评估这项企业管理核心环节更是成为政府行政改革进程中的重要内容。然而，政府部门与私人部门天然的内在差异，使得绩效评估在从私人部门移植到政府部门的路向中面临着种种困难。由于政府部门自身的特性、公共利益边界的变动性决定了政府部门很难有一成不变的目标，加上政府行为与结果关系的不确定性、工作的难以量化、评估内容难以权衡等因素，导致政府绩效评估问题疑点重重。政府绩效的研究者在着力于如何促使绩效评估技术在政府部门焕发活力的同时，重点阐释了政府绩效的主要属性，从而给政府绩效一个相对清晰的定位，这集中体现在政府绩效的工具性、沟通性和管理性。

首先，政府绩效本身不是政府管理的目的，而是提升政府服务质量的工具。从传统上看，政府绩效研究重点关注的是绩效测量（performance measurement），主要聚焦在输出测量（output measurement）、输入测量（input measurement）、效率测量（efficiency measurement）和效益测量（effect measurement）等四个方面。其中，输出测量指为公民提供的服务，输入测量是为公民提供服务所需要的资源，效率测量是计算输入输出的相关性，效益测量是评估服务的质量和生产率。然而，新近的研究者意识到，传统政府绩效的研究视点过于窄化，应该用更为宽广的视野来认识政府绩效。研究者指出，绩效测量是以成本、标杆等来提高政府职能的工具，自身并不是目标所在。全面质量管理，结果导向的管理，才是政府绩效的最终依归和内在主题①。因此，政府绩效不能为了测量而测量，关键在于利用测量的结果，提升政府服务的质量，避免形式主义。

其次，政府绩效不仅是一个测量的问题，更是沟通的问题。现代人力资源理论认为，绩效评估是一个学习过程、改进过程和控制过程。绩效评估的实质不仅仅是为了一个公正的评估结果，而是在于通过持续的、动态的、双向的沟通，达到真正提高组织和个人的绩效，实现组织目标和组织成员自身发展的目的②。这意味着，为了使政府绩效变得更有意义，需要超越政府绩效的

---

① Craig Foltin, "Finding Your Way through the Government Performance Maze," *The Journal of Government Financial Management*, Fall 2005, Vol. 54, Iss. 3, pp. 16, 26。
② 黄创:《我国公务员绩效评估的激励功能障碍与突破》,《理论前沿》2006 年第 18 期，第 19～20 页。

"输入—输出"的模型默认，超越政府绩效"控制型"功能定位。这正如马克·霍哲教授在新近的研究中指出的，"从理想意义上讲，绩效评估是一项评估人和被评估人的社会学习过程。参与、互动和沟通是这个过程的本质特征"。①

最后，政府绩效的意义不仅在于绩效测量，更在于绩效管理。"绩效测量是测量绩效的行为，而绩效管理旨在对测量的'结果'作出响应，并且使用这个结果来管理绩效。"② 在绩效测量中，主要问题在于发现测量偏差，测量过去的业绩和现实的潜力，测量输入和输出。与此不同，绩效管理则是牵涉到培训、团队工作、对话、激励等多个环节的系统工程。事实上，当前政府绩效的一个变革趋势就是实现从绩效评估到绩效管理的转变。在这个意义上讲，绩效测量并不是政府绩效的全部，而只是政府绩效的起始环节。

4.2.1　工具性审视

政府绩效的工具性维度表明，测量政府绩效本身不是政府绩效的目的所在，政府绩效的使命在于发现政府的优点与缺点，进而纠正偏差，发扬优势，最终实现卓越政府。应该说，澳门公务人员工作表现评核制度充分意识到绩效评估的工具性和超越评估之外的价值，它致力于完善原有的公务人员工作评核制度，激励工作人员，达成组织和个人的共同发展，最终提高政府的服务素质和施政能力。

---

① Kaifeng Yang, "Marc Holzer, the Performance – Trust Link: Implications for Performance Measurement," *Public Administration Review*, Washington: Jan./Feb. 2006, Vol. 66, Iss. 1, p. 114.

② Zoe Radnor, "Mary McGuire, Performance Management in the Public Sector: Fact or Fiction?", *International Journal of Productivity and Performance Management*, Bradford: 2004, Vol. 53, Iss. 3/4, p. 245.

首先，澳门公务人员工作表现评核制度通过评核活动，区分工作人员的绩效，实现绩效评估的基本功能，"管理者将评估看成是一种工具，这种工具可以精确地确认个人的绩效，以便确认一个个体的强项和弱项，并将一个雇员同另一个雇员区分开来"。[①] 通过对工作人员绩效的区分，发现在工作绩效中的不足，作为培训和发展的基础，以此激励公务员的发展。因此，激励公务人员的职业发展生涯，激发个人发展，促进个人自我改善，是澳门公务人员工作表现评核制度的基本价值之一。

其次，澳门公务人员工作表现评核制度致力于确认工作人员的工作表现，分辨公务人员对组织的贡献。"它不但有利于工作人员未来的发展，而且亦可让部门分辨每位工作人员的工作表现，为部门达成其战略性目标和工作成果作出了多少贡献。"[②] 可见，了解每一位工作人员是否符合部门的期望、达到预期目的的程度，也是制度设计的主要意图。

最后，澳门公务人员工作表现评核制度旨在实现上下级公务员之间的沟通和交流，最终提高公共服务供给的质量。"可以将工作表现评核界定为评核人与被评该人之间的互动，其间双方就全年的工作进行分析和讨论，以了解工作表现的好与坏并找出发展和改善的机会，让被评核人能够知悉评核人对自己的工作表现有何期望。帮助部门决策和人员管理以及识别有潜力担负责任较大的职务的工作人员。"[③] 通过上下级公务员的沟通和互动，在促使个人职业得到发展的同时，使部门和组织取得最佳的绩效，实现个人目标与集体目标，个人利益与组织利益的双赢。

---

① 〔美〕罗纳德·克林格勒：《公共部门人力资源管理：系统与战略》，孙柏瑛等译，中国人民大学出版社，2001，第399页。

② 澳门行政公职局网页，http://www.safp.gov.mo/desempenho。

③ 澳门行政公职局网页，http://www.safp.gov.mo/desempenho。

可见，澳门特区政府对于绩效评估的意义是十分明确的，意识到了评估只是一个工具，评估本身并不是目的。当然，这种意识是否能够落实需要在制度的运行实践中进一步验证。但从制度设计的初衷来看，澳门公务人员工作表现评核制度对评估的工具性显然是有清醒的认识，即不能为评估而评估。

4.2.2 沟通性审视

理想意义上的政府绩效，不是一个机械的控制体系，而是一个有利于政府与社会、政府部门间互动沟通的有效管道。通过政府绩效体系，政府在沟通和互动中逐步迈向效益型政府、责任型政府和学习型政府。沟通性在澳门公务人员工作表现评核制度中有明显的制度体现，即提高被评核人的参与程度，同时注重评核人的跟进和回馈。

一方面，澳门公务人员工作表现评核制度提高了被评核人的参与程度。制度规定，在给予评核结果前，应确保工作人员可通过适当的自我评核程序，让评核程序的参与人知悉该工作人员就有关评核期间对本身工作表现的评价。除此之外，如果工作人员不同意所获得的评核结果，应确保可由一个有工作人员代表参与且能对评核发表参考性意见的独立及自主的委员会，即"评核咨询委员会"介入评核程序。[①] 此外，被评核人对最后评核结果有异议的，可提起司法上诉。通过以上措施，提高了被评核人的参与程度，加强了评核人与被评核人之间的互动，确保了被评核人的合法权益，也保障了评核结果的公平公正。

另一方面，澳门公务人员工作表现评核制度注重评核人的跟

---

① 澳门政府第 31/2004 号行政法规规定，在每一公共部门或实体设立一个具咨询性质的"评核咨询委员会"；该委员一般由 8 名代表组成，包括由部门或实体领导指定的部门或实体代表 4 人，以及由被评核人互选产生的被评核人代表 4 人。

进和回馈。制度规定，"评核人应定期与工作人员沟通，建立有建设性的关系；监察工作人员的进展情况，做有利于工作人员工作表现的调整；实时处理工作表现的问题，并商讨可行的解决办法；认同并突出工作人员对部门的价值；寻找适合于现时和有潜能担任的职务的发展方式"。[①] 这样，通过评核人与被评核人之间的双向对话，针对工作人员在工作上的行为和结果，集中于工作人员可改善的行为，优化了沟通的效果。

4.2.3 管理性审视

政府绩效的管理性意味着，不能简单地认为只要进行了绩效测量和绩效评估就完成了政府绩效的流程，不能错位地把政府绩效测量等同于政府绩效。政府绩效起始于绩效测量，重在绩效管理。以这个标准来考察澳门公务人员工作表现评核制度，可以看到，虽然澳门特区政府非常重视评核结果，出台了"公务人员工作表现奖赏制度"，但是在评核主体的多元化机制、效果可信度保障机制、团队评估机制等方面仍有很大的完善空间。

应该肯定，澳门公务人员工作表现评核制度有较好的管理制度配套，比如明确的奖赏制度。2007 年，澳门特区政府制定了关于"公务人员工作表现奖赏制度"的行政法规。该行政法规就工作表现评核制度的奖赏部分作出规范，凡在评核中获得"优异"评语的公务人员，可获得表扬、功绩假期或奖金的奖励。根据规定，公务人员每次取得"优异"工作表现评核，均获得表扬，除获发优异表现证明书外，还在所任职的部门公布。同时，相关人员亦可获为期 10 个工作日的功绩假期。如果经相关人员选择或因工作需要，功绩假期得以奖金取代，其金额相当于有关人员于获

---

① 澳门行政公职局网页，http://www.safp.gov.mo/desempenho。

取 "优异" 评核的历年内所收取的最高月薪俸或月报酬的一半[1]。可见，这种奖励不仅仅是一种精神激励，而且同被评估者的个人发展前途和物质利益挂钩，这就使当事人增强了贯彻执行绩效评估制度的主动性和积极性。

　　然而，澳门公务人员工作表现评核制度在绩效管理上依然存在着一定的问题。首先，澳门公务人员工作表现评核制度缺乏评核主体多元化机制。评核制度规定，一般由直接上级担任评核人，"尽可能是被评核人的直属上级，但也可以是对评核人的工作有较直接及实际了解的职务主管"。[2] 可见，评核制度基本上采取的是由上级评核下级的模式。这种模式固然有利于增强上级对下级的了解和沟通，但也会带来一定的弊端。"如果只采用进行垂直考核，只会形成'对上负责，对下不负责'，把有利于自己的信息汇报给领导，将不利于自己的信息过滤掉，产生严重的信息不对称，最后导致政府失灵。"[3] 此外，在评核制度中，自我评核是一个非强制性的项目，没有强的约束力。在主管评核[4]中，下属可以通过填写问卷对其主管的工作表现发表意见，但充其量只是一个参考的作用。因此，随着澳门公务人员工作表现评估制度的不断完善，可以考虑实现 360 度的评核方法，特别是在前线的公务人员中引入公民评估，实现 "公民为本"、"顾客导向" 的政府。

　　其次，澳门公务人员工作表现评核制度缺乏评核效果可信度

---

[1]　澳门行政公职局网页，http://www.safp.gov.mo/desempenho。

[2]　澳门行政公职局网页，http://www.safp.gov.mo/desempenho。

[3]　秦晓蕾、王强：《国家公务员绩效考核指标体系实证研究》，《南京社会科学》2006 年第 7 期，第 66 页。

[4]　澳门公务人员工作表现的评核方式包括平常评核、对主管的评核、特别的评核和简要评核。这些不同的评核方式主要是由澳门公务人员不同任用方式决定的。其中，对主管的评核就是对厅长、处长、组长和科长等公务人员的评核，他们以定期委任方式任用。

的保障机制。公共人力资源的绩效评估之所以是一个世界性的难题，其重要因素在于评估结果的可信度问题。在某种程度上讲，评核效果保障机制的缺位，会直接导致绩效评估的结果的信度和效度，从而造成评核人和被评核人对绩效评估失去信心，造成"在一些管理者看来，绩效评估只是对已做出的评价的无谓重复，而被评估者则怀疑评估的公正性，认为这只是管理者表示偏好的一种方式"① 的局面。在这方面，澳门公务人员工作表现评核制度对于评核效果的可信来说仍然缺乏切实的保障。虽然制度规定了评核人的责任，例如客观、公正、公平、无私等，但缺乏相应的评核人责任追究机制。此外，制度也缺乏评估者的培训机制以及对评估进行再评估机制，而这些都是评核效果可信度保障机制的重要表现。

最后，澳门公务人员工作表现评核制度缺乏一定程度上的团队评估机制。在团队工作的环境中，很多时候很难清楚地区分团队的贡献与个人的贡献。"团队工作方式使得每位成员都为工作中的其他成员创造一个环境，每个人的业绩都包含其他人的贡献。将个人业绩孤立地分离开来，势必人为地扭曲一个部门的工作状态。而且，个体评估内含的竞争性和个人主义原则可能会加剧人力资源的不良竞争，不利于团体的协作。"② 因此，在制度设计中，应该注意到团队评估对个体评估的补充作用，需要有一定的团体评估和团体奖赏的机制。

总体来看，澳门公务人员工作表现评核制度取得了一定的进

---

① 梁建东：《公共人力资源绩效评估的核心冲突》，《云南行政学院学报》2003 年第 2 期，第 94 页。

② 〔美〕罗纳德·克林格勒：《公共部门人力资源管理：系统与战略》，孙柏瑛等译，中国人民大学出版社，2001，第 188 页。转引自梁建东《公共人力资源绩效评估的核心冲突》，《云南行政学院学报》2003 年第 2 期，第 94 ~ 97 页。

步，制度规定的三次评核会议、十五个评核项目以及成立评核咨询委员会等内容，体现了评核制度对加强评核人与被评核人之间的沟通、针对性评估以及监督评核结果等方面的内在要求。

4.3　领导官员的绩效评审制度

领导绩效评审制度的规定到了 2009 年才正式出台。2009 年的《领导及主管人员通则的基本规定》第十四条规定，"领导人员每年须接受工作表现评审，为此，政府各司长应就与其有等级从属关系或受其监督的部门及实体的领导人员的工作表现，向行政长官提交报告"。然而，由于缺乏统一评核局级官员的指标和标准，每年各司长对其从属部门领导人员的工作表现向行政长官的提交报告中，就很有可能出现不同司级官员评核标准不一的情况。

崔世安行政长官在 2013 年的施政报告中首次明确提出建立政府绩效治理制度，显示特区政府对政府绩效的充分重视，并把领导官员的绩效评审制度作为政府绩效治理制度的突破口，"明年，我们将建立政府绩效治理制度，把部门的执行力和执行效果、对既定政策是否有具体且有效的行动响应、政策是否达到目标，作为评估绩效的重要指标，首先开始实行领导官员的绩效评审制度，促进和增强公务人员的责任感、服务意识和职业伦理修养，目的在于从制度上提升政府的施政效能"[1]。

针对可能出现的不同司级官员评核标准不一的情况。第 305/2013 号行政长官批示中明确提到，"考虑到领导人员的工作表现评审适宜按照统一的标准和程序，有系统及科学地进行，不因负

---

[1]　《二〇一三年财政年度施政报告》，中华人民共和国澳门特别行政区，2012 年 11 月 13 日。

责评审与其有等级从属关系或受其监督的部门及实体的领导人员的工作表现的政府司长的不同而有所分别"。因此，"领导人员工作表现评审报告"式样的颁发，改变了五司"各师各法"评定下级官员的工作表现的做法，致力采取较为科学的标准和程序，对各领导官员的绩效做出统一、客观、公正的评审。从这个意义上讲，领导官员绩效评审制度是对《领导及主管人员通则的基本规定》的进一步落实和规范。

第 305/2013 号行政长官批示规定了各司司长评审主要官员的三个基本衡量指标，为领导官员的绩效评审制度的实施奠定了基本的评审指标和架构。三个基本指标是："执行上级所订定的指示及实现既定目标的能力"（执行能力）、"领导及管理所属部门的能力"（领导管理能力）以及"执行公务时的道德及责任感"（道德和责任感）。其中，"执行上级所订定的指示及实现既定目标的能力"包含"与监督实体的合作"、"落实与其部门/实体/机构有关的施政方针的工作的程度"、"执行上级所订定的指示程度"、"部门/实体/机构的预算的执行程度"等四个二级指标；"领导及管理所属部门的能力"包含"绩效导向"、"资源管理"、"策划及组织"、"领导能力"、"决策能力"等五个二级指标，"执行公务时的道德及责任感"包含"公共服务导向"、"工作上的使命感"、"回显请求的能动性"、"责任感"等四个二级指标，并对二级指标有详细的解释和说明。

2014 年，行政法务司对领导官员绩效评审制度的标准进行了落实和跟进，主要的工作是通过组织培训，加深有关人员对绩效评审内容及能力要求的掌握。依据评审制度的规定，在每年的第四季度，司长办公室会为部门领导评分，包括执政能力、领导管理能力、道德及责任感等，并给予评语及建议。与此同时，领导官员绩效评审制度设立了四个级别的评估，评语依据不同的评审

指标而有所不同，比如"与监督实体的合作"指针的四个评语是
"非常好"、"良好"、"尚可"及"有待改善"；"落实与其部门/
实体/机构有关的施政方针的工作的程度"以及"执行上级所订
定的指示的程度"四个评语是"远超期望"、"超出期望"、"符
合期望"及"有待改善"；"部门/实体/机构的预算的执行程度"
的四个评语是"非常理想"、"良好"、"一般"及"有待改善"；
"绩效导向"、"资源管理"、"策划及组织"、"公共服务导向"、
"工作上的使命感"、"回显请求的能动性"、"责任感"的四个评
语是"表现十分良好"、"表现良好"、"表现及格"及"有待改
善"；"领导能力"、"决策能力"的四个评语是"优异"、"良
好"、"及格"及"有待改善"。澳门领导官员绩效评审制度的指
标和评语具体可见表 16。

表 16　澳门领导官员绩效评审制度的指标和评语

一级指标	二级指标	评语
执行上级所订定的指示及实现既定目标的能力	1. 与监督实体的合作 （评审领导人员与监督实体的合作，尤其是能否坦诚讨论与其部门/实体/机构所负责的施政领域有关的问题，以及如何参与及协助制定所属领域的政策）	非常好 良好 尚可 有待改善
	2. 落实与其部门/实体/机构有关的施政方针的工作的程度 （评审领导人员落实行政长官及所属范畴的施政方针的工作的程度，尤其是考虑到执行有关工作的特殊环境，是否遵守施政方针所载的主要工作的时间表，以及所采取的措施的效果）	远超期望 超出期望 符合期望 有待改善
	3. 执行上级所订定的指示程度 （评审实现未载于施政方针，但由行政长官或监督实体针对澳门的现实情况而订定的政府政策的目标的程度，以及所采取的措施的效果）	远超期望 超出期望 符合期望 有待改善
	4. 部门/实体/机构的预算的执行程度 （评审部门在相关财政年度的预算的执行程度，当中须考虑执行时的情况，并与所取得的结果作对比）	非常理想 良好 一般 有待改善

一级指标	二级指标	评语
领导及管理所属部门的能力	1. 绩效导向（评审领导人员如何专注于履行部门的职责及落实有关目标，以及其确保达至期望的结果的能力）	表现十分良好 表现良好 表现及格 有待改善
	2. 资源管理（评审领导人员如何按拟达至的目标及结果，有效安排、统筹及配置现有的人力、财政、物力及科技资源）	表现十分良好 表现良好 表现及格 有待改善
	3. 策划及组织（评审领导人员分析内外环境变化、计划、组织及控制部门的活动及其组成部分的能力，以及确定目标、订定期限及优先工作，以实现部门的目标及持续优化所提供的服务的能力）	表现十分良好 表现良好 表现及格 有待改善
	4. 领导能力（评审领导人员如何导向、影响及动员工作团队，以实现部门的目标及持续优化所提供的服务）	优异 良好 及格 有待改善
	5. 决策能力（评审领导人员如何识别问题及分析情况，以便评估各种不同的解决方法及优先次序后，按拟达至的目标作出有理据的决定）	优异 良好 及格 有待改善
执行公务时的道德及责任感	1. 公共服务导向（评审领导人员如何在尊重开展公共服务时须遵守的道德及职业操守的价值之下，指导其部门/实体/机构的活动，以推广有质素的服务，尤其是如何使部门的运作在遵循合法性原则及公开、廉洁和公正无私的价值之下，能满足用户的需要）	表现十分良好 表现良好 表现及格 有待改善
	2. 工作上的使命感（评审领导人员如何内化使命感，宣扬与此相关的价值观，确保政策方针得以遵守和落实，以及如何代表及提升其领导的部门/实体/机构的形象，并与市民及其他部门和机构充分合作、配合和沟通）	表现十分良好 表现良好 表现及格 有待改善
	3. 回显请求的能动性（评审领导人员在履行职务时的投入及勤奋程度，尤其是能否快速响应监督实体、市民及其他在职务上与其有联系的实体向其提出的要求）	表现十分良好 表现良好 表现及格 有待改善
	4. 责任感（评审领导人员在开展其范畴的政策及执行职务时对工作的尽责及可靠程度，以及如何承担其行为及决定所引致的后果并接受问责）	表现十分良好 表现良好 表现及格 有待改善

领导官员绩效评审制度没有对官员打分，导致领导官员绩效评审制度的成效受到质疑。领导官员的评审评语基本上可以区分为"表现十分良好"、"表现良好"、"表现及格"及"有待改善"四个等次，但基本上没有关于绩效评审结果应用方面的制度安排，领导官员的晋升与否与评审结果没有明确的关联。对此，有议员质询政府公布的"领导人员工作评审报告"式样的最低评级标准只是"有待改善"，担忧难成为官员"落台"的准则，要求当局交代各项评级标准的制定依据①。也有议员提到，评审力度和深度始终不够，官员普遍的评审结果都是"优秀"，至今都无官员因为"绩效评审不通过"而被中止委任，市民觉得评审制度形同虚设。②

4.4　评核制度的改革路向

公务人员工作表现评核制度在取得一定进展的同时，在实践中也暴露出一些问题，比如评核结果绝大多数为"十分满意"、占用评核人太多精力和时间、评核项目和方法的合理性有待提高等。当中最为突出的问题便是评核结果趋同化的问题，即公务人员评核"普遍高分"，"普遍高分"存在什么样的弊端？特区政府在修订《公务人员工作表现评核一般制度及晋升机制》中针对"普遍高分"所拟定的"高分限额制"面临什么样的困境和风险？如何寻求"普遍高分"的破解之道？都是需要关注的。

---

① 《如何问责如何改善何润生：评审官员标准模糊》，《澳门日报》2013 年 10 月 5 日，第 B05 版。
② 《公务员晋升机制将完善》，《新华澳报》2017 年 11 月 23 日，第 P01 版。

4.4.1 "普遍高分" 的弊端

公务人员评核结果 "普遍高分" 是指公务人员在工作表现评核中普遍获得 4 分或 5 分的高分，并相应地得到 "十分满意" 和 "优异" 的评价。2016 年公职局统计数字表明，超过 90% 的公务人员获评 4 分（十分满意）或 5 分（优异）。绝大多数公务人员在评核制度中得到高分，意味着评核制度的实施无法实质性地甄别和区分工作人员实际表现的优劣，使得 "做多做少一个样、做好做坏一个样" 的观念进一步固化，也使得评核结果难以得到有效应用，导致工作评核制度失去激励人员工作积极性的应有价值。

首先，评核结果 "普遍高分" 使得政府难以选拔出真正的优秀人才进行领导主管团队的梯队建设。未来数年后澳门特区政府不少领导主管将进入退休年龄，由此领导主管的接班人梯队建设显得尤为重要。评核结果 "普遍高分" 使得相应的人才无法在评核制度中脱颖而出，不能为政府选拔后备领导主管人才确立扎实的参考和依据，对政府的人才储备工作造成了制约。

其次，评核结果 "普遍高分" 挫伤优秀人员的工作积极性，不利于优秀人员向上流动。"普遍高分" 意味着，工作能力强、工作绩效优的人员的分数和工作能力绩效一般的人员的分数相同，这就不可避免地会造成优秀人员的不公平感。这种不公平感的产生，极有可能让优秀人员 "向低看齐"，久而久之，工作表现优秀的同事也就容易失去努力工作的动机，难以形成百舸争流、竞争向上的工作氛围。

再次，评核结果 "普遍高分" 意味着评核结果的 "无差异化"，决定了评核结果无法得到有效应用。事实上，公务人员评核制度是公务人员制度的基础环节，良好的评核制度是培训制度、奖惩制度、晋升制度、薪酬制度等有效运转的前提条件。如果评核制度出现了问题，其他公务人员的各项制度也会受到影响。可以认为，当前澳门公务人员制度在培训、晋升、奖惩等方面所出现的问题，引发公务人员整体士气不高，在某种程度上是因为评核结果的"普遍高分"所导致的。

最后，"普遍高分"使得评核制度日渐失去激励人员士气的价值。赫兹伯格的双因素激励理论认为，影响员工绩效的主要因素是激励因素和保健因素。当中，激励因素如果得到满足，可以使人产生很大的激励，若得不到满足，也不会产生不满情绪；保健因素如果得到满足，能消除不满情绪，维持原有的工作效率，但不能激励人们更积极的行为。按照赫兹伯格的这个理论，"得到赞赏和好评"是一个激励因素，得到满足的话将能很好地激励人员。然而，"普遍高分"的出现，一定程度上已经将"得到赞赏和好评"蜕变成了一种保健因素，而保健因素即使得到满足的话，也不能起到很好的激励作用。由此，"普遍高分"使得评核制度日渐丧失制度应有的激励功能。

4.4.2 "高分限额制"面临的困境和风险

为了矫正"普遍高分"的弊端，特区政府在修订《公务人员工作表现评核一般制度及晋升机制》中的咨询文本中着重提到了"高分限额制"，即建议"优异"最多占 10%；"优异"及"十分满意"合共最多 60%，以激励人员为取得有限名额的评级而持续提升能力及绩效。

应该讲，"高分限额制"是解决"普遍高分"的最直截了当的办法和措施。然而，基于澳门当前的实际情况，"高分限额制"并非一剂对症下药的良方。归根结底，"高分限额制"本身就不是一个十分科学合理的制度，它并不能真正确保测评出真实的绩效。假如某个部门公务人员的实际工作绩效普遍都较高的话，那么"高分限额制"就是矫枉过正，妨碍对实际绩效的真实评价，同样可能出现绩效失真。

从澳门当前的实际情况看，"高分限额制"的困境和风险主要体现在两个方面。一方面，假如"优异"和"十分满意"的比例真的由 90% 下降为 60%，那么"高分限额制"的推出会伤及 30% 的公务人员的利益。自从 2009 年第 14/2009 号法律《公务人员职程制度》出台之后，澳门公务人员的评核等次就和实际的利益直接挂钩起来，获得"十分满意"及以上的晋级年限为 2 年，而获得"满意"的晋级年限为 3 年。在这种情况下，"高分限额制"的设想明显会损害一部分公务人员的利益，使得原来可以获得"十分满意"的人员在新的游戏规则之下转为"满意"，从而晋升速度受阻，职业发展滞后。另一方面，按照政府的设想，"高分限额制"的意图在于更好区分公务人员的绩效，避免无差异评价、无区别评价的"埋堆文化"，形成优劣分明的绩效文化，进而符合特区政府建立绩效治理制度的整体构想。然而，"高分限额制"的风险在于，在缺乏绩效评核结果可信度保障机制的前提下，"高分限额制"的推行不仅不能达到防止"埋堆文化"，还可能助长"擦鞋文化"，引发公务人员与上级主管之间的紧张关系。

因此，基于结果维度的"高分限额制"，能直接改变"普遍高分"的态势，然而却不能真正正视和检讨当前评核制度所存在的问题，也不能确保测出公务人员的真实绩效，而且其改革直接伤及现有公务人员的既有利益，可能助长澳门社会深恶痛绝的"擦鞋文化"。

4.4.3 全面增强评核结果的可信度

寻求"普遍高分"的破解之道，应该着眼于发现"普遍高分"的原因所在，在这个基础上进行针对性的改革和提升，全面增强绩效评核结果的可信度，确保评核结果真实反映公务人员的实际工作表现，杜绝无差异的评核结果，防止绩效评核失真，彰显评核制度"激励先进"、"帮助后进"的制度价值。

首先，要深刻检讨评核项目的具体性、准确性、操作性和贴近性，避免采用主观性和抽象性过强的评核项目和指针。评核项目和指针过于抽象和宏观，是许多国家和地区公务人员绩效评核指标体系设计中的一个通病。对此，有学者曾经指出，由于缺乏具体和一致的标准，评价者只能笼统地根据自己的主观感觉做出模糊评价，由此导致评价误差的发生。对于应该评为"优秀"的公务员，可能只评为"良好"，对于应该评为"一般"的公务员，可能被评为"优秀"。因此，深刻检讨评核项目的切合性和可行性，是增强评核结果可信度的首要环节。在这方面，修订《公务人员工作表现评核一般制度及晋升机制》的咨询文本中已经建议，引入一个涵盖战略、绩效及人际三个维度的 12 项核心能力要素来取代现有的评核项目。在这个过程中，广大的公务人员应该广泛深入参与到这 12 种能力要素的讨论，政府也要高度重视相关专家学者及资深公务人员的意见。

其次，尽量杜绝人情文化对公务人员评核制度的影响。人情文化是华人社会的一种特色文化，对政府公共行政有着不可低估的影响。"在正常的工作状态下，单位领导为了保持部门成员对自己的尊重与服从，防止成员相互之间出现攀比与不信任，以维持单位内部良好的氛围，就选择单位成员之间待遇的均等化，在年度考核中就可能出现优秀等次大家轮流当的现象。"① 在人情文化影响下，公务人员的评核结果会出现对真实绩效的偏差和歪

---

① 　谢奇：《论人情因素对我国公务员考核制度的影响——以三门峡市公务员考核情况为例》，《三门峡职业技术学院学报》2013 年第 3 期，第 104 页。

曲。作为多元文化并存、中华文化为主体的地区，澳门自然也深受人情文化的影响，因此也要特别警惕人情文化对公务人员评核制度的负面影响，避免由于人情文化下的宽松打分、怕得罪人而最后形成普遍高分的偏离实际绩效的结果。

最后，要切实加强对评核人的专业培训和责任监督。在公务人员评核制度的运行实践中，经常有评核人不明白为什么将某位公务员的工作质量定为"十分满意"，而将另一位公务人员的工作质量定为"满意"，于是索性对所有公务人员都做出相同的评价，这也是"普遍高分"的原因之一。正是由于培训机制和责任机制的缺位，使得评核人没有认真履行评核的职责，从而进一步导致评核结果的失真。因此，一方面需要加强对评核人的系统培训，包括对评核项目、评核程序、评核方法等内容的系统介绍，确保评核人作出有理有据的评价；另一方面，要提高对评核人评核的事前、事中和事后监督，尤其是评核过程中的监督，讨论研究引入"评核结果适度公开"等相关监督机制，督促评核人对评核结果担当起更为切实的责任。

4.5　本章小结

从政府绩效的工具性、沟通性和管理性的维度来考察澳门公务人员工作表现评核制度，不难发现，澳门公务人员工作表现评核制度在制度精神和制度安排上体现了对政府绩效的工具性和沟通性的理解和洞察。当然，由于政府绩效和公务员绩效是一项高难度的管理工程，在管理性的维度上，澳门公务人员工作表现评核制度仍然需要进一步强化上下级公务人员乃至公务人员与公民的沟通，并与激励、责任、保障等各种管理链条进行有机的整合，实现绩效测量到绩效管理的完全转型。

第5章 晋升制度改革

澳门公务人员的晋升制度其实是职程制度、评核制度、培训制度以及晋级开考制度的复合和汇流。当中，职程制度是晋升制度的母体和载体，评核制度、培训制度和晋级开考制度是晋升制度的先决环节，它们与晋升制度相互影响、相互渗透。由此，梳理澳门公务人员晋升制度存在的问题，寻求晋升制度的改革方向，不仅要厘清晋升制度自身的制度规定，也要回溯到职程制度、评核制度、晋级培训制度和晋级开考制度去寻找原因和依据。

5.1 晋升制度的根本依托

讨论澳门公务人员的晋升制度，不得不回归到对澳门公务人员职程制度的探讨。"职程"一词，应该讲是澳门公职法律制度的特有称谓。无论是中国内地、香港和台湾，以及新加坡等华人地区，都没有"职程"这个说法或相关的制度。笔者认为，所谓的公务人员职程制度，可视为"公务人员的职业发展历程制度"，即公务人员的职业发展生涯制度。从某种意义上讲，公务人员职程制度是澳门公职法律制度的母体，是关乎公务人员的招聘制度、薪酬制度、晋升制度、培训制度以及评核制度等各个主要环节的公职法律制度。因此，职程制度是晋升制度的根本依托，或者说，职程制度是晋升制度的存在场域，晋升制度内嵌于职程制度之中。

澳门现行的职程制度是 2009 年第 14/2009 号法律《公务人员

职程制度》（根据第 12/2015 号法律《公共部门劳动合同制度》及第 4/2017 号法律"修改第 14/2009 号法律《公务人员职程制度》"进行部分修改和调整）。为了从整体上更好地把握《公务人员职程制度》的制度架构，我们不妨用"三四五六"进行概述和归纳。"三"是指"三种职务"，"四"是指"四个人员组别"，"五"是指"五个职等和职级"，"六"是指"六个职程（级别）、六种学历要求"。

首先是"三种职务"："创造"、"应用"和"执行"。这里所说的"职务"，准确讲应该是"工作性质"，即所从事的工作是"创造性"的工作、"应用性"的工作和"执行性"的工作。这就意味着，职程制度本质上是一种工作分类制度，将公务人员的工作从总体上分为"创造性"、"应用性"和"执行性"三大类。当中，"创造性"工作是"在科学技术的方法及程序上能独立并尽责执行一般或专门领域的咨询、调查、研究、创造及配合方面的职务，旨在协助上级作出决策"。"应用性"工作是"对既定计划中技术性的方法及程序能独立并尽责担任研究及应用的职务"。"执行性"工作则细分出四种情况，分别是"以对某些方法及程序的认识或配合为基础，担任既定指令中的技术应用的执行性职务"、"透过以设立或配合的方法及程序，以便担任既定指令中的技术应用的执行性职务"、"既定一般指示中具一定复杂程度的人手或机械操作的生产活动方面或维修及保养方面的执行性职务"、"担任通常属非特定的劳力工作或执行简单的体力劳动式的执行性职务"。

其次是"四个人员组别"："高级技术员"、"技术员"、"技术辅导员"和"工人"。"四个人员组别"是在"三种职务"的基础上衍生出来的，即从事"创造性"工作的人员组别是"高级技术员"，从事"应用性工作"的人员组别是"技术员"，从事

"执行性工作"的人员组别是"技术辅导员"和"工人"。

再次是"五个职等和职级"。在第 3 级别到第 6 级别的四个职程中，从低到高分为五个职等和五个职级。其中，"五个职等"的称谓都是一样的，从低到高都是"第一职等、第二职等、第三职等、第四职等和第五职等"。"五个职级"的称谓则因应"人员组别"的不同而有所区别，"技术辅导员"和"技术员"的人员组别"五个职级"称谓是一样的，从低到高为"二等、一等、首席、特级、首席特级"。"高级技术员"的人员组别"五个职级"称谓从低到高则为"二等、一等、首席、顾问、首席顾问"。

最后是"六个职程（级别）、六种学历要求"。在"人员组别"的基础上，职程制度将澳门公务人员区分为六个职程（级别）和六种学历要求。"高级技术员"的人员组别对应的职程是"高级技术员、兽医"（6 级），学历要求是学士学位或同等学历，不颁授学士学位的连读硕士学位或连读博士学位。"技术员"的人员组别对应的职程是"技术员"（5 级），学历要求是高等专科学位程度的高等课程学士学位。"技术辅导员"的人员组别对应的职程有两个，一个是"技术辅导员、公关督导员、车辆查验员、车辆驾驶考试员"（4 级），学历要求是高中毕业，另一个是"行政技术助理员、普查暨调查员、摄影师及视听器材操作员、照相排版员、邮务文员"（3 级），学历要求是初中毕业。"工人"的人员组别对应的职程也有两个，一个是技术工人（2 级），学历要求是小学毕业且有专业资格或工作经验；一个是勤杂人员（1 级），学历要求是小学毕业。

5.2　晋升制度的基本情形

迄今，澳门公务人员的晋升制度并没有专门的法律法规规定，而是散见于 2009 年第 14/2009 号法律《公务人员职程制度》、第 14/2016 号行政法规《公务人员的招聘、甄选及晋级培训》、第 15/2009 号法律《领导及主管人员通则的基本规定》及第 26/2009 号行政法规《领导及主管人员通则的补充规定》等法律法规中。依照上述法律法规的规定，结合澳门公职法律制度的实践，澳门公务人员的晋升制度可以分为四种基本情形，即晋阶、晋级、跨职程向上流动及委任为领导主管。其中，晋阶和晋级是公务人员职程制度规定的晋升制度，跨职程向上流动和委任为领导主管则是澳门公共行政实践中人员向上流动的主要模式。这里着重介绍"晋阶"和"晋级"这两种作为基本和主要的晋升制度，反映出澳门公务人员的晋升制度主要是职程内部的晋升。

5.2.1　晋阶

晋阶指的是每个职等和职级内的职阶的横向、逐阶晋升，即"某一职阶晋升至紧接的较高职阶"。在澳门公务人员的职程制度中，第 3、4、5、6 级别的职程由于有五个不同的职等和职级，因此称为垂直职程；而第 1、2 级别的职程由于没有职等和职级的分化，因而称为横向职程。其中，垂直职程的职阶为 3—4 阶；而横向职程则有 10 个职阶。

根据相关的制度规定，澳门公务人员的晋阶条件为工作表现评核的结果和相应的服务年限。只有连续两年获得"满意"以上的评语才符合晋阶的条件，如果获得的评语是"不大满意"或"不满意"，是不能晋阶的。

垂直职程的晋阶制度主要区分为最高职等晋阶和其余职等晋阶两种制度规定。最高职等晋阶制度规定，在最高职等中某一职阶服务满 5 年，且该段时间的工作表现评核不低于"满意"，就可晋升至紧接的较高职阶；或者，在最高职等中某一职阶服务满

4 年，且该段时间的工作评核不低于"十分满意"，就可晋升至紧接的较高职阶。其余职等晋阶制度规定，某一职阶服务满 2 年，且该段时间的工作表现评核不低于"满意"，就可晋升至紧接的较高职阶。

横向职程的晋阶制度规定，第一职阶服务满 2 年，且该段时间的工作表现评核不低于"满意"，可晋升到第二职阶；第二职阶、第三职阶服务满 3 年，且该段时间的工作表现评核不低于"满意"，可晋升到第三职阶、第四职阶；第四职阶、第五职阶服务满 4 年，且该段时间的工作表现评核不低于"满意"，可晋升到第五职阶、第六职阶；晋升至第七职阶、第八职阶、第九职阶或第十职阶，须在原职阶服务满 5 年，且该段时间的工作表现评核不低于"满意"。又或者是，第四职阶、第五职阶服务满 3 年，且该段时间的工作表现评核不低于"十分满意"，可晋升到第五职阶、第六职阶；晋升至第七职阶、第八职阶、第九职阶或第十职阶，须在原职阶服务满 4 年，且该段时间的工作表现评核不低于"满意"。

5.2.2　晋级

晋级是职等和职级的纵向逐级晋升，即"某一职等晋升至紧接的较高职等"。根据当前的制度安排，澳门公务人员的晋级要求和条件比晋阶要严格很多，晋阶只要获得相应的工作表现评核结果和服务年限后就可以自动晋阶，而晋级的条件除了获得相应的工作表现评核结果及服务年限之外，还要通过晋级培训和晋级开考。

首先是工作表现评核结果及服务年限的要求。如果是晋升至职程内的最高职等，就必须在原职等服务满 9 年，且在该段服务时间内的工作表现评核中取得不低于"满意"的评语，又或须在原职等服务满 8 年，且在该段服务时间内的工作表现评核中取得不低于"十分满意"的评语；如果是晋升至职程内的其余职等，则必须在原职等服务满 3 年，且在该段服务时间内的工作表现评核中取得不低于"满意"的评语，又或须在原职等服务满 2 年，且在该段服务时间内的工作表现评核中取得不低于"十分满意"的评语。

其次是晋级培训的要求。2009 年第 14/2009 号法律《公务人员职程制度》第 15 条"晋级培训"规定，为晋级效力，可要求修读及或通过由补充法规订定的培训课程。为此，特区政府制定了第 14/2016 号行政法规《公务人员的招聘、甄选及晋级培训》（废止了原有的第 23/2011 号行政法规"公务人员的招聘、甄选及晋级培训"），为公务人员晋级培训进行具体的规定。晋级培训制度将培训课程分为"达标式培训课程"和"修读式培训课程"两类。"达标式培训课程"是指要求公务人员须合格修读完毕由公职局为某一职程内晋级而组织和举办的特别培训课程，"修读式培训课程"是指要求公务人员修读一定课时以累积取得职程内晋级所需培训时数的课程。第 237/2016 号行政长官批示对"在每一职程内晋升至较高职级所需培训课程的类型及累积培训时数"作了进一步的规定：高级技术员、技术员、技术辅导员、行政技术助理员"达标式培训课程"的培训时数要求均为 30 个小时，"修读式培训课程"的培训时数要求分别为 80、70、60 和 50 个小时，并要求 60% 以上的"修读式培训课程"与将担任的职务直接相关。

最后是晋级开考的要求。满足了工作表现评核及服务年限、晋级培训的要求之外，公务人员要晋级还需要满足晋级开考的要求，即"在公职局监督下，用以填补第 14/2009 号法律规定的职程的晋级职位而举行的开考"。值得指出的是，当前澳门特区政府的晋级开考是一种考核方式的开考。它是和"综合能力评估开考"和"专业或职务能力评估开考"相并列的一种考试形式和种类，通常是以审查文件方式进行。

在澳门特区政府公务人员向上流动的实践中，除了晋阶和晋级这两个明确规定的晋升制度外，事实上还存在跨职程向上流动和委任为领导主管两种形式。但需要说明的是，跨职程向上流动指的是现职公务人员通过公开的考试入职新的职程，从而实现职业生涯的向上流动，然而这种向上流动和原来的职程并不一定存在延续性和发展性，因而也有意见把其排斥在晋升制度之外；而委任为领导主管则是少数高级技术员和技术员有可能被委任担任领导主管的职位，由于委任标准过于抽象和模糊，对多数公务人员来讲是遥不可及的，但本质上是公务人员通向领导主管职位的晋升渠道。

5.2.3　跨职程向上流动

澳门公务人员职程制度既是澳门公务人员的职业发展制度，也是澳门公务人员的薪酬制度，同时也限定了澳门公务人员的晋升空间。在澳门公务人员职程制度的设计中，四大人员组别、六大人员职程并不是纵向打通的。在某种意义上讲，澳门公务人员的六大职程之间是相互分离的。以技术员为例，对于多数技术员来讲，如果一开始入职是技术员，基本上其职业发展生涯的终点就是技术员职程的最高职等"首席特级技术员"中的第四职阶段，进入高级技术员职程的可能性很小。当然，制度上高级技术员职程的门坎对所有公务人员来说是开放的，只要符合基本的学历要求和专业要求，就可以通过竞争性的考试而成为高级技术员。但对于一个入职多年的技术员来说，让他再去参加高级技术员的入职竞争性考试，考上的可能性并不是很大，这是其一。其二，即便考上高级技术员，那么要从高级技术员的第一职等的第一职阶开始做起。也就是说，有一个薪俸点为545的特级技术员，如果其考上了高级技术员之后，其薪俸点就变成430。这就使得澳门公务人员向上一级职程流动的意义变得有些讽刺：名义上职称是晋升了，实际上薪俸点却是下降了。从这个意义上讲，澳门公务人员职程制度并不是一个鼓励向上流动的制度，在这个制度下，公务人员向高一级职程流动的积极性并不太高。最后，技术员即使通过竞争性考试而取得高级技术员的位置，却不是在原来工作岗位上的升级，而是相当于找到一份新的工作，甚至可能不是在原来的部门。由此而言，澳门跨职程向上流动的道路对于多数公务人员来说并没有太大的吸引力，或者难度太大，或者要付出代价，或者要重新适应新的工作。

5.2.4　委任为领导主管

对于高级技术员和技术员而言，除了跨职程向上流动和职程内晋升两种方式之外，还有一种可能的晋升途径就是职务晋升，也就是从事主管甚至领导的工作。当前澳门特区实行领导主管的委任制。第15/2009号法律《领导及主管人员通则的基本规定》规定领导主管的聘任应以合法性、透明度和客观性为准则，从被认定具公民品德、适当的工作经验和专业能力担任有关职务者中选任。第26/2009号行政法规《领导及主管人员通则的补充规定》中规定，领导及主管官职透过履历审查，从被认定具公民品德及与应聘官职相符的学历，以及适合担任相关职务的专业能力和工作经验，且符合进入公共行政的一般及特别要件的人士中选拔聘任。根据相关的规定，领导主管的选拔聘任条件如表17所示。

表 17　领导主管的选拔条件

一般条件	领导		主管		
	局长	副局长	厅长	处长	科长
来源	无限制		应从公共行政工作人员中聘任		
学历	最少具备学士学位		最少具备学士学位	最少具备高等课程学历	最少具备高中毕业学历
工作经验	曾在公共行政领域或私营部门担任要职而表现能干者，构成具有适合担任领导官职的工作经验的指标		在应聘职务范畴具有最少五年工作经验者，方符合担任主管官职的工作经验的指标		

表 17 显示，当前澳门特别行政区政府领导和主管的委任标准较为含糊，缺乏客观、明确的委任标准，这对于作为被选对象的公务人员来讲，事实上就相当于缺少了一个前进的标准和动力，从而使得作为领导主管的职务晋升途径的激励性也变得非常虚化。而在澳门公共行政的实践当中，由于主管人员权力不大、主管人员需要承担的责任太大、薪酬不够吸引力等各种原因，事实上想向上流动作为主管的公务人员也不多，以致澳门不少政府部门在一段时期内甚至出现"无人愿意当主管"和"主管荒"的怪象。

5.3　晋升制度的主要问题

如上所述，作为内嵌于职程制度的晋升制度，其制度绩效不可避免地要取决于作为职程制度的合理性程度。此外，公务人员晋升与否很大程度上要取决于工作表现评核结果的科学性和准确性，取决于晋级培训的成效。从目前的情况看，职程制度、工作表现评核制度、晋级培训、晋级开考制度等或多或少都存在一定的问题，再加上晋升制度本身一些规定的合理性受到质疑，导致晋升制度陷入了一定的困境，丧失了晋升制度应有的激励性。首先，由于职程制度所规定的主流的晋阶和晋级制度皆为职程内晋升，使得多数公务人员的晋升空间停留于职程内晋升，晋升空间受限；其次，工作表现评核的结果普遍为"十分满意"，强化了"做多做少一个样、做好做坏一个样"的行政文化，使得晋升基本上是年资晋升，已经一定程度上从"激励因素"蜕变成"保健因素"；再次，晋级培训和晋级开考"走过场"、形式化，无法体现筛选优秀人员的功能；最后，晋升制度本身所规定的晋阶和晋级时间安排不尽合理，"前松后紧"，被批评为"年资歧视"，挫伤高级公务人员的士气和工作积极性。

5.3.1 职程内晋升，晋升空间受限

对于大多数澳门公务人员来说，晋升制度主要是本身职程内的晋升，即一开始为高级技术员职程的，就在高级技术员这个职程内进行晋阶和晋级；一开始为技术员职程的，就在技术员这个职程内进行晋阶和晋级；一开始为技术辅导员职程的，就在技术辅导员这个职程内进行晋阶和晋级。这就使得澳门公务人员的晋升空间较为有限，它意味着一开始入职为低职程的，基本上很难晋升到高的职程。事实上，澳门公务人员的六大职程之间是相互分离的，从职业发展的角度看是隔开的，它不像其他国家和地区的公务人员，从入职职位的延展性来说可以从最低端向最高端晋升。虽然低职程的公务人员可以通过公开考试进入高的职程，但并不是原来工作的延展和升级。即便是有些低职程的公务人员通过公开考试进入高职程，但其薪俸点却要从高职程的最低职等的第一职阶开始，而这个新的薪俸点极有可能比原来薪俸点低。

5.3.2 晋级培训和开考形式化

在目前澳门公务人员的晋升实践中，晋级培训和开考基本上

都没有起到实质性的淘汰和筛选的作用。只要公务人员服务一定的年限，并且工作表现评核得到相应的分数，就可以正常晋升。所谓的晋级培训，只不过就是要参加政府安排的培训课程，培训后并不需要考试，也不需要鉴别学习效果。在澳门公共行政的实践中，晋级培训是特区政府公务人员培训中最为主要的工作。例如，公务人员的工作岗位特别是培训财务会计的课程，却不能确保该岗位人员能得到及时的相应的课程培训，而要让位于那些迫切需要晋级的人员。由此，特区政府公务人员的晋级培训陷入了"为培训而培训"的困境，许多公务人员因应岗位需要的能力和专业知识没能通过培训却得到提升，晋级培训不能确保工作能力的有效提升，更多的是蜕变成一种"凑够时数"的升职工具。与此同时，晋升开考更是一种形式化的考试安排，大多数部门都是按照审查文件的方式对有资格晋升的人员进行资格审查，相关的人员不需要为之做准备工作，也更加不可能从开考中得到能力的提升。

5.3.3　晋阶和晋级时间安排不尽合理，"前松后紧"

除了职程制度、评核制度、培训制度、开考制度的不尽合理，为公务人员的合理晋升带来困扰之外，澳门公务人员晋升制度内在的关于晋阶和晋级的规定内容也不尽合理。首先是"晋级吸纳晋阶"的问题。按照晋阶和晋级制度的一般规定，如果一个高级技术员入职后工作连续8年，每年都拿到"十分满意"，那么从原则上讲就可以晋升为高级技术员第4职等第2职阶的位置，由此第1、2、3职等的第2、3职阶对他而言是没有任何意义的。也就是说，如果某个公务人员同时符合晋级条件和晋阶条件的话，他一定会直接晋级而不会再晋阶。在晋级培训制度和晋级开考制度都没有发挥筛选作用的情况下，这个制度规定必定导致"晋级吸纳晋阶"，使得第1、2、3职等的第3乃至第2职阶没有实际的意义和价值。其次是晋升时间"前松后紧"。第 1、2、3 职等的晋升时间很快，但第 4、5 职等的晋升时间却很慢，这难免会打击一些经验丰富的资深公务员的积极性，被批评为"年资歧视"。而当时做出晋升时间"前松后紧"规定的制度动机，是为了延长公务人员的职业生涯而拉长了年资较多的公务人员的晋升时间，这种动机显得有些简单粗糙，有必要进行更为全面的制度设计。

5.4　晋升制度的改革方向

由于综上所述的原因和问题，澳门公务人员的晋升制度事实上已经陷入一种单维度的"年资晋升"，难以激励人员士气的境地，未能有效刺激公务人员为特区政府奉献聪明才智。由此，特区政府决定引入"能力导向、绩效导向"的多元晋升机制，增强晋升制度的激励性，提高公务人员的士气。为了实现"能力导向、绩效导向"的多元晋升机制，不能只从晋升制度本身进行改革，而是需要在改革诸如"晋级吸纳晋阶"、晋升时间"前松后紧"等晋升规定基本内容的基础上，重点对职程制度、评核制度和晋级培训制度进行相应的改革，拓宽公务人员的晋升空间，增强晋升资格的鉴别力度，提高晋级培训的实际成效，确保在促进公务人员向上流动的同时，增强公务人员的士气，也确保公务人员队伍的整体能力和素质不断得到提高和升级。

5.4.1　改革职程制度，拓宽公务人员的晋升空间

当前澳门公务人员六个职程相互隔离的状态，对公务人员的职业生涯发展而言，并不是一个富有激励性的制度机构和安排。从本质上看，这种安排是在强化"入职决定发展"的发展理念，离"不拘一格降人才"的要求相去甚远，对公务人员的发展形成

了制约和限制。由此不难发现，这套制度本质上还是"以工作为中心"，并非一套以人的发展为中心的工作分类和职业发展安排。

如果说在教育水平普遍不高的澳葡时代，这套六大职程互不衔接的体系尚有其合理性的话，那么在大学本科学历非常普及的时代下，这套制度就彰显其不足和缺陷。事实上，当前澳门公务人员整体士气不高，其中很大的原因就在于晋升空间狭隘，而晋升空间狭隘相当程度是职程的互不衔接所导致的。尤其是近几年来，很多大学本科学历的公务人员的入职职程是技术辅导员，而实际上他们做的工作又不仅仅是"执行"，而是"应用"甚至是"创造"，那么种种的不公平感和士气低落感就会随即而来，最终结果使得人员士气低落。因此，提升公务人员士气，首先应该改革职程制度，让六个职程成为一个职业发展的统一体、连续体，显示职业发展的衔接化和一体化。

庆幸的是，当前澳门特区政府已经意识到单一的职程内部晋升的缺陷，探讨引入跨职程晋升的机制。特区政府公开表示，未来晋升制度的可能方向包括，"针对检讨及完善评核制度基础下，针对评核中获评级较高的人员设计不同的路径晋升，尤其针对跨职程的晋升"；"当公务员获评核至一定级别，可经相应考核和考试晋升至上一级，例如由技术员晋升至高级技术员"。[①] 也就是说，未来澳门特区政府公务人员晋升制度的一个大的改革方向就是实现职程内晋升和跨职程晋升两种形式并立的晋升轨道和渠道，是多元化晋升机制的一个主要组成部分。职程内晋升是针对优秀人员的晋升机制，而跨职程晋升则是针对特别优秀的、卓越表现的人才的晋升机制，可视为"快速晋升机制"，从而真正注

---

① 《设计不同路径晋升 高炳坤：建领导主管人员储备库》，《澳门日报》2017 年 11 月 23 日，第 B02 版。

入一种"结果导向"的绩效文化，从而改变当前"年资晋升"的单一模式。

5.4.2　改革评核制度，增强晋升资格的鉴别力度

调整评核分数的计算方法，提高评核得分的区分度，是改革评核制度的重中之重。在当前澳门公务人员评核制度的计算分数中，3.5 分和 4.4 分的结果是一样的，最后都是 4 分。现实的情况是，3.5 分和 4.4 分的两个公务人员之间的绩效差别可能是很大的，只是因为计算方法上的这种规定，使得两者之间的差别被抹平了，从而进一步加剧了无差别评核的局面。这就要求适当调整计算方法。比如，3.80～4.49 分这个分数范围内的得分才对应"十分满意"。调整理据和逻辑在于，单个评核项目的得分 4 分才是"十分满意"，为什么综合得分 3.5 分就可以达成"十分满意"？此外，也可以考虑用综合总分的方法来评定最终的评核等次，规定较高的总分数才能得到"优异"和"十分满意"的评核等次。当然，计算方法和计算公式的调整、分数和评核等次的对应关系的确定，需要进一步的深入研究来支撑和厘定。

5.4.3　改革晋升培训，提高晋级培训的实际成效

将晋升和培训直接挂钩，规定需要培训什么类型的课程及相应的时间才可以晋升，是值得充分肯定的，也是澳门特区政府之前在改革晋升制度的一个亮点。然而，晋升培训制度在公共行政的实践中出现了形式化，使得"为培训而培训"，这是当初引入晋级培训的制度倡议者所始料不及的，也是他们所不愿意看到的结果。为了使晋级培训回归到改革者一开始的制度预想，即晋升到高一级的岗位是需要有足够的知识储备和积累的，就需要不断提高培训的实际成效，使得公务人员通过学习和培训能真正学到

对做好新岗位工作有帮助的知识，进而不断提升自身的专业能力和综合能力。一句话，晋升和培训应该有机结合起来，这种结合不是简单地规定需要培训什么类型和多少时间的课程就能实现的，而是要通过精心地进行岗位分析、课程设置、人员需求调查，进行课程成效分析，最终达到对学员能力和知识的有效提升，破解"彼得原理"的难题。

5.5 本章小结

澳门特区政府公务人员的各项公职制度环环相扣，相互影响。如果其中一项制度运行良好，会促进其他制度的有效运转；反之，如果一项制度出现了问题，也会对其他制度的运行产生负面的、有害的影响。比如，"中央招聘"制度的改革就使得有些职位原本应该由高级技术员担任的却招聘了技术员，也使得原来部门内原有的跨职程晋升的途径无法存续。因此，澳门公务人员制度的改革需要从整体上进行考虑。过往的公务人员制度改革收效不大的原因，很大程度上就是忽略了各项制度之间的相互影响，改革没能从系统的、整体的角度进行，而是"头痛医头、脚痛医脚"。

就公务人员的晋升制度而言，澳门公务人员的职程制度、评核制度、晋级培训制度和晋级开考制度对晋升制度都有着广泛而深入的影响。因此，研究和分析公务人员的晋升制度，就不能就晋升制度本身的规定来讨论晋升制度，而应该把晋升制度和职程制度、评核制度、晋级培训制度等紧密联系起来讨论，寻找其中的关键症结并集中精力解决这些难题，才是走出当前制度困境、充分释放晋升制度激励功能的要义。

第6章　委任制度改革

领导主管是澳门特区政府人事管理制度中一个较为特殊的制度安排，是从澳门公务人员中委任产生而又独立于一般公务人员之外的官员群体，具有政务官和事务官特征相互混合的属性。

为了提升领导及主管人员的管理能力和服务能力，同时也促使领导和主管人员更加廉洁和负责，特区政府在 2009 年便制定了第 15/2009 号法律《领导及主管人员通则的基本规定》。该法律明确指出了澳门领导主管的界定及范围：在公共部门及实体担任管理、协调及监控工作的人员，视为领导及主管人员。其中，领导官职包括：局长和副局长。主管官职包括厅长、处长和科长。可见，澳门的领导主管指的就是局长、副局长、厅长、处长和科长。

第 15/2009 号法律的出台，响应了澳门社会关于建立官员问责的强烈要求，并针对性地对领导主管的代任、评核、"过冷河"、调动、聘用等机制提出了改革的设想，增强了领导主管人员的问责性、廉洁度及对职位的胜任度。然而在官员的聘用和委任上只是规定了"聘任应以合法性、透明性、客观性为准则"，对如何切实防范"任人唯亲"没有十分具体的应对办法。

2017 年的"天鸽"风灾，对澳门特区政府的管治威信带来挑战，尤其对特区政府官员问责提出质疑，从而让澳门社会再次把问题聚焦到澳门的领导主管制度。澳门领导主管制度的定位属性是什么？到底存在什么样的问题？未来需要进行什么样的改革？

都需要进行思考解答。

6.1　领导主管的混合属性

国家公务员制度的起源之一在于政治与行政、政务官与事务官的分离，形成"两官分途"。所谓"两官分途"，简单地讲，是指基于工作职责、产生方式和管理办法的差异而将政府人员区分为政务官与事务官两类人员。

政务官和事务官的不同，首先来自工作职责的差别。"政务官的主要职责是参与制定国家政策或行政之主要发展方向；而事务官的主要职责是在政务官所制定的政策指导下，依法行政，贯彻并落实政策，是稳定社会和国家的主要力量。"[1] 由此可见，制定政策与执行政策的工作分工，是政务官和事务官的首要差别，体现了决策权和执行权的分离。

政务官和事务官第二个明显的区别，在于产生方式的不同。在两官分途的制度框架下，政务官是通过政治选举或政治任命产生的，而事务官则是通过竞争性考试择优录取而进入政府体系任职的，从而克服了原有政党分肥制任人唯亲的弊端。"政务官主要包括通过不同程度的选举而产生的国家元首、政府首脑、行政首长，以及经各种政治性任命而任职的内阁成员或其他政府组成人员；事务官则指一般需通过竞争性考试而被择优录用的政务官以外的政府公职人员。"[2]

政务官和事务官的区别，还在于管理办法的不同。一般来

---

[1]　朱立言、胡晓东：《美国公务员"两官分离"研究》，《学习论坛》2008 年 11 月，第 48 页。

[2]　万斯佳：《对我国政务官和事务官分类制度设想的评析》，《知识经济》2009 年 11 月，第 67 页。

讲，政务官和政党共进退，依靠任期制进行政治化的管理。而事务官实行的是职务常任制，对事务官的管理采用功绩制、常任制的管理办法。事务官在执行职务的过程中"政治中立"，对政党政治采取超然的态度，不参与党派斗争活动，不参加党派竞选。"政治中立"的结果可使事务官不受党派轮流坐庄的影响，保持职务常任，从而确保政府施政的延续性，体现公共行政对政治的独立性和超脱性。

澳门领导主管，既有着类似政务官的一些特征，又有着事务官的一些特征，它是从事务官中产生而又日益脱离事务官的一个群体，具有澳门特色的两官秉性混合的特征。

首先，领导主管的工作职能主要是从事政策执行的工作，同时也要辅助政府制定政策，这类似事务官的特征。第 15/2009 号法律《领导及主管人员通则的基本规定》对局长、主管的一般职权主要限定在部门及机构的一般管理方面，包括确保履行及落实行政长官及政府所订定的政策、编制工作计划、确保执行工作计划、编制工作报告，以及人力资源、财政资源、物资及财产资源的管理等。与此同时，《领导及主管人员通则的基本规定》第 23 条"领导人员的特定责任"中规定，领导人员在其部门的职责范围内，有责任忠诚地协助政府制定所属领域的政策，以及组织及领导其部门，以便与监督实体紧密合作，确保政策的执行。可见，"协助政府制定政策"也是领导人员的基本工作职责。

其次，澳门领导主管既不是由政治选举产生，也不是从竞争性考试中产生，而是通过上级委任产生，这种属性处于政务官与事务官的模糊地带。根据第 15/2009 号法律《领导及主管人员通则的基本规定》，澳门领导及主管人员的聘任应以合法性、透明度和客观性为准则，从被认定具公民品德、适当的工作经验和专业能力担任有关职务者中选任。这种委任是不是政治委任，也是仁者见仁智者见智。例如，有学者认为澳门的领导主管是具有"政治性身份的官员"，"澳门的官员问责制是对具政治性身份的官员进行行政性问责的制度，是兼具政治问责与行政问责两种制度混合特征的"。[①] 也有学者认为，澳门的局长任命并非"政治性任命"，"特区政府宜把政治任命的层次扩展至整个局级；或部分较重要的局级人员，改以合约形式招聘，使局级领导人员脱离公务员体系，成为具有决策权的政治领导层"。[②]

最后，领导主管实行的是类似合同制的定期委任制，并非职务常任，这类似政务官的特征。这里需要有几个注解。一是定期委任的委任周期并非政治选举的周期，与西方基于政党轮替意义上的政务官任命周期的根本性质不同。二是领导主管的定期委任可以续任，也没有任期届数的限制，实践中容易蜕变成"常任制"。三是不少澳门领导主管是由确定性委任公务人员（实位公务人员）来担任的，假如领导主管不获续任的话，那么他可以回到原有的确定性委任的原职位继续担任公务人员的工作。这种情况下，虽然领导主管的官员身份并非职务常任，但领导主管的确定性委任公务人员的身份却是职务常任的。

6.2　委任制度存在的问题

澳门领导主管的混合属性，使得领导主管的制度难以从政务官和事务官的坐标体系中寻求相应的制度依托，导致相关的制度设计在政治忠诚和行政能力的考虑上难以找到合理平衡。这主要体现在领导主管在委任制度、评估制度及问责制度上的缺失。

[①]　娄胜华：《授权与问责：澳门特区官员问责制审视》，《国家行政学院学报》2011年第 4 期，第 70 页。

[②]　余振：《局长问责利人尽其才》，《澳门日报》2001 年 12 月 25 日，第 B07 版。

所谓委任制，就是指"由任免机关在干部管理权限范围内，经过动议、推荐、考察等程序，直接或间接委派干部担任某种领导职务的制度安排"。① 从西方国家公务员制度发展历史来看，委任制类似于现代文官制度产生之前的"政党分肥制"和"恩赐制"。在文官范畴内实行委任制，意味着行政和政治的界限被打破，政治并非以隐秘的方式介入行政，而是以公开的制度方式介入行政，从而形成了政治和行政更加难解难分的局面。

在现代公共行政的实践中，无法简单否定政治对行政的介入。事实上，西方新公共管理对传统公共行政的改革切入点之一，便是政治行政两分在实践中的不可行，而主张政治对行政的干预和介入。政治和行政"又分开又结合"吊诡关系的背后说明，委任制虽然有可能出现人治、偏私等现象，但委任制度也有着自身内在的优点，比如其有利于确立上级权威、有利于政策自上而下的推动和执行。由此，委任制在现代公共行政中并非是一种被淘汰的旧制度，而是和选任制、考任制一起，形成官员任命和干部任命的三种主要任用制度。

澳门领导主管委任制度存在的问题，首先体现在委任程序的不规范。从制度建设来讲，委任制度本身应该有动议、推荐、考察等较为周全的环节和过程，也有诸如"委派任命制"和"审批任命制"等形式的区分。从澳门公共行政的实践看，缺乏法定的委任制的程序安排和规范。被委任领导或主管的发掘、甄选、建议及决定聘用等，基本上是由行政长官、司长、局长来决定。其中，相关官员的委任是依据行政长官的意愿来决定，还是依照司长、局长来决定，各个部门的实践似乎也不尽相同，有着较为明

---

① 程波辉、彭向刚：《委任制：当代中国领导干部选拔任用的现实选择》，《公共管理与政策评论》2015 年第 2 期，第 63 页。

显的制度外、人格化的特点。2009 年澳门特区政府响应了社会要求，对委任制度进行了改革，公布了委任的领导主管的学历和经验，但这种公开的监督只是局限于委任结果的公开，对委任制度依然缺乏事前和事中的公开机制和监督机制。一句话，澳门领导主管的制度规范化程度较为低下，委任制度所内在需要的动议、推荐、考察等程序没有细分出来。

澳门领导主管委任制度的缺失，还体现在委任标准的模糊上。第 15/2009 号法律《领导及主管人员通则的基本规定》规定，领导主管的聘任应以合法性、透明度和客观性为准则，从被认定具公民品德、适当的工作经验和专业能力担任有关职务者中选任。第 26/2009 号行政法规《领导及主管人员通则的补充规定》进一步规定，局长、副局长及厅长官职从最低具备适合担任有关职务的学士学位的人士中聘任，处长官职从最低具备适合担任有关职务的高等课程学历的人士中聘任，科长官职从最低具备高中毕业学历的人士中聘任。由此，工作经验、专业能力以及相应学历成为委任官员的三大标准。然而，上述三个标准在作为官员委任标准的时候显得过于抽象、宏大和模糊，从而加大了委任制度的主观性和随意性。

领导主管人员的选拔委任缺乏明确的标准，领导主管人员的聘用制度实际上是上级的委任制。然而，当前委任制度的委任标准和条件较为抽象和主观，难以确保选拔出有能力和公信力的官员。为此，如何进一步改革委任制以进一步刺激一般人员的积极性，是人员晋升研究一个不可绕过的环节。

澳门公务员的"委任晋升"体制缺乏激励性。"主管/领导"的委任期通常只有 1～2 年，如不获续任，相关人员将退回原岗位工作。主管、领导的工作负担重、责任大，但其级别的薪俸点与高职等、高职阶的高级技术员差别不大，这导致某些部门出现了无人愿意竞争领导/主管岗位的现象。

6.3 委任制度的改革路向

在澳门，沿用澳葡时期的管治体系，官员都是定期委任制的，即使是科、组级官员都是实行定期委任制的，而非职位常任的公务员。这种制度的起源，"主要原因是在于在澳葡政府时代，葡国来员视来澳门工作为优差，他们欠缺要管治好澳门的信念，只是图凭特权而安排其亲戚好友到各部门任职，从而在殖民地享受优职厚禄"。[①]

官员委任制虽然有灵活性和选择优秀人才的优点，但也可能带来任人唯亲和裙带关系的弊端。澳门回归祖国之初，澳门社会便意识到要对领导主管的委任资格及续约方面作出适当改革。为了回应澳门社会改革领导主管委任制的诉求，2007 年开始，澳门特区政府对委任制进行了一定的改革，加强了被委任人员的公开性和透明度，公布委任的理由、被委任者的学历和专业简历。"为增加官员委任和续任制度的公开性和透明度，特区政府将公布官员所有委任和续任官员的相关资料和委、续任理由，以促进委任制度的公正性、合理性和健全发展。"[②]

整体上看，公开委任官员制度的改革还没有摆脱委任标准不明确、过程不透明的问题，制度的主体部分依旧是沿袭澳葡政府时期，对委任制度没有实质性的改革和触动。

回归之初，澳门社会就意识到委任制的弊端，"适用于主管及领导级官员的委任制，最大优点是灵活性强，'做得唔好即

---

① 《推行官员问责制已具基础 唯需落实意念及具体举措》，《华侨报》2001 年 12 月 30 日，第 11 版。
② 《官员任命资料拟统一公布》，《澳门日报》2007 年 1 月 18 日，第 A06 版。

换'。然而，官员委任制度的缺失、不受制衡是核心问题，所谓'擦鞋文化'、官员唯命是从，都源于此"。[①] 在委任制的实际运作中，由于多数定期委任制的官员会续任，使得定期委任制变成常任制，体现不了灵活性的优势；另外，委任下能否招聘到有能力的人往往取决于享有委任权的官员的个人判断，不能确保"有能者居之"的委任结果。由此，不少议员认为现行的委任制有它的优点，但面对它的缺点，应该着力加以改进和改革。

澳门领导主管制度的改革是在未来的公务人员制度改革中不可或缺的一环。笔者认为，源于澳门领导主管混合政务官和事务官的双重属性，需要让澳门领导主管还原高级文官的本性，用功绩制的精神来重塑澳门的领导主管制度，以领导主管职位所需的知识、能力、品德为标准来对领导主管实行管理，重点完善领导主管的委任制度、评估制度和问责制度。

近几年，澳门社会纷纷建议在官员任命中减少委任制，引入竞争选拔机制，促进官员选拔制度的公平、公开、公正。例如有公务员团体在澳门回归祖国 15 年的时候就提到，"经过回归祖国 15 年的历程，特区现在是适当时候在领导和主管委任过程中考虑引入竞争机制，提高选拔人才和招聘的透明度，通过公开透明的竞争选拔，将有资历、有能力者放在适当位置，特别是可以在主管级（厅、处级）实施竞争选拔，再加以委任，杜绝用人唯亲、私相授受，为中层公务员提供向上流动的机会"[②]。有议员提出应当设立公开甄选机制，以竞争上岗形式，择优委任厅、处级的领导及主管官员，展开良性竞争。"透过设定严格具体的招考条件、选聘程序、选聘机制等，适当将一些领导及主管职位公开招考，

---

① 《欧案揭示官场丑态 曹其真带头发炮 议员轰吏治乱促严整》，《澳门日报》2007年 11 月 20 日，第 B12 版。

② 《官世海倡领导主管委任引入竞争》，《市民日报》2014 年 11 月 23 日，第 P04 版。

既可以为基层或中层公务员提供一个向上流动的机会，令他们都可以竞争上岗，确保得到公平、公正、公开的科学评鉴和晋升机会，让真正的能者居其位，以整体提升公职队伍质素。"[①] 有学者也提议应该逐步缩小官员委任制的范围，"政府管治结构方面，重点在于逐步缩小现行的官员委任制范畴，引入选拔机制，通过从社会选拔优秀人才充实管治队伍，保持管治系统的开放性"。[②]

在澳门当前的政治行政生态下，特区政府坚持领导主管的委任制度，不引入领导主管的考任和选任机制。行政公职局长曾公开指出，"未来晋升将会以能力、绩效为主，不考虑公开招聘领导及主管职位"。[③] 因此，未来官员任命制度改革的主流方向就是完善和规范委任制，特别是要制定合理的委任标准及程序、加强后备干部队伍建设、加大对委任权力的监督力度等。其中，尤其需要引入官员委任中选拔和任命相互分离的机制，促使委任制度不断提升科学化程度。当前由于特区政府对领导主管实行聘任制和定期委任制，法律对领导主管的选拔权和任命权的归属没有明确的规定。这导致了在实际的运作过程中，选拔权和任命权的归属问题变得模糊不清，而在实际操作过程中就往往集中在行政首长手中。在下一步的改革中，应该实行选拔权和任命权的相对分离。可以考虑把选拔权赋予一个专门选择领导和主管的选拔委员会，由选拔委员会确定相关要求，明确选拔标准。与此同时，把任命权归于行政首长，这样有助于解决困扰特区政府施政的"任人唯亲"的问题，同时有利于确保领导和专管人员的专业素质。

---

① 《吁公开选拔领导主管官员》，《濠江日报》2017年4月12日，第A05版。

② 娄胜华：《回归后澳门社会结构的变动与治理方式调整》，《港澳研究》2014年第2期，第60页。

③ 《未来晋升靠能力绩效 公职局：不公开聘领导主管》，《澳门日报》2016年2月12日，第A03版。

6.4 本章小结

根据澳门公职人员章程（《澳门公共行政工作人员通则》）的规定，澳门公共行政工作人员包括公务员及服务人员。其中以确定委任或定期委任做出的任用人员，被赋予公务员的资格。由此，以定期委任做出任用的澳门领导主管属于公务员，在人员管理方面要遵循澳门公职人员章程的规定。然而，澳门领导主管是产生于澳门一般公共行政人员而又日益独立出的特殊群体，在使用一般公共行政人员通则的同时，领导主管也有自身特殊的管理制度和适用法律，衍生出领导主管和一般公共行政人员的不同特性，形成领导主管介于政务官和事务官之间的混合属性。

缘于澳门领导主管的混合特性，澳门领导主管在委任制度、评估制度、问责制度及职业发展制度上出现了种种缺失。归根结底，澳门领导主管在本质上应该属于事务官中从事管理性工作的范畴，其工作既不同于政务官，也不同于一般事务官。澳门领导主管制度在制度方面应该更为明确其属性，让委任制度、评估制度、问责制度回归到高级事务官的归属，使得相关的制度能承担其选贤任能、绩效导向、监督职权、激励士气的效果，促使领导主管制度可持续的发展。

第 7 章　问责制度改革

自回归以来，澳门官员问责制的实践经历了筹备谋划、制度出台及敦促落实三个阶段。澳门官员问责制分为领导及主管问责和主要官员问责两种问责类型，实践困境主要体现在官员间权责关系不明确、官员的绩效评审难以区分绩效、官员调任有回避官员问责之嫌、官员问责方式相对缺位等几个方面。未来澳门官员问责制的改革方向需要确立以行政问责为中心的官员问责体系，突出领导及主管人员的特定责任问责，规范官员问责的运作程序。

2017 年一场 50 年一遇的超大台风，对澳门特区造成极为严重的伤害，对特区政府的管治威信也带来严峻的挑战，尤其对特区政府官员问责制的运行绩效提出质疑，也让澳门社会再次把问题聚焦到澳门的官员问责制度上。

澳门特区政府 2018 财年施政报告对此进行了回应，提出要对官员问责制进行检讨，"检讨官员问责制，规范行政、政治、法律、道德四大问责规定，健全问责的配套制度；深化绩效评核工作，细化评核要素和标准，完善第三方评估；增强各级官员的国家意识和责任意识，努力形成施政为民、权责一致的良好行政文化氛围"。①

为更好检讨澳门的官员问责制，有必要梳理澳门官员问责制

---

① 中华人民共和国澳门特别行政区政府：《二〇一八年财政年度施政报告》，2017年 11 月 14 日。

的发展进程，厘清官员问责制的制度规定，认清澳门官员问责制的实践困境，探讨官员问责制的改革方向。

7.1　官员问责制的发展进程

澳门官员问责制的发展可分为三个阶段，一是筹备酝酿阶段，在 2000~2008 年，澳门社会各界普遍要求建立官员问责制，特区政府为应对社会上的诉求进行了制度的筹备和酝酿；二是制度出台阶段，在 2009~2010 年特区政府出台了包括领导主管基本通则、补充规定、主要官员通则等官员问责的法律法规；三是落实执行阶段，2011 年至今是官员问责制度的实践操作时期，这个阶段官员问责制陷入难以落实的困境，而一场"天鸽"风灾终于促使政府下定决心对官员问责制进行检讨。

7.1.1　2000~2008 年的筹备酝酿阶段

这个阶段，社会关于澳门建立官员问责制的主要意见集中在官员问责制的必要性、制度基础、制度架构等问题，为官员问责制的建立提供了良好的社会基础。

首先，政府和社会对建立官员问责制度的必要性有较为一致的共识。香港官员问责制推出后，澳门便有很多声音认为澳门也应该建立官员问责制，因为如果官员犯错后不用承担后果，会导致市民对政府的信任程度及满意度降低，损害政府形象。社会普遍关心的是，普通公务员有相关的责任追究和问责规定，为何官员反而缺乏相关的问责规定，因此一定要尽快在澳门建立官员问责制度。"只向基层人员问责的情况，在现时的公职体制中确实存在，因此，未来在建立公务员问责制度时，一定要解决这种制度上的缺陷，即如何从政策制订的官员开始去问责，让他们承担起管理部门的责任，而不该总是找前线人员‘开刀’。"①

对于社会盼望澳门建立官员问责制的诉求，澳门特区政府进行了积极的回应。2001年底，行政法务司长陈丽敏就明确表示，"政府在明年推行行政改革上会加强推行对官员问责性，透过对领导及主管官员的委任制度，可以对犯大错的官员实时实行终止委任，以及对不称职官员不再续任的措施，从而促使官员负起工作责任"②。2004年，行政长官何厚铧在响应如何建立官员问责时谈道，"对于公务员建设，政府有几种想法，首先会检讨现有的法律法规，特别是各级官员的问责程序问题。有必要时，政府会订定一些适当的措施，让失职的官员在不同情况下，受到一定的警戒处分"。③

其次，社会认为官员问责制在澳门其实有了较好的制度基础。有社会舆论指出，澳门的官员委任制事实上是澳门实行官员问责制的良好基础。澳门的官员委任是定期委任而不是常任制度，即2~3年要重新委任一次，这意味着加入官员犯错问责的话，就不可能继续委任。这种定期委任的制度和官员问责制的逻辑有内在的契合性，由此，社会意见认为，澳门落实官员问责制已经有了委任制的良好基础，进一步落实和推动官员问责制在澳门的建立，需要进一步将官员委任、评核和问责有机结合起来。"以现行的领导和主管人员通则所行的职位委任制度，其实已有了推行官员问责制的基础，问题是需要有真正落实的意念和具体举措。"④

---

① 《议员忧问责制最终指向基层》，《华侨报》2006年11月23日，第22版。
② 《明年加强对官员问责性 犯大错可实时终止委任》，《华侨报》2001年12月4日，第14版。
③ 《官员问责适当处罚》，《正报》2004年11月18日，第P01版。
④ 《推行官员问责制已具基础 唯需落实意念及具体举措》，《华侨报》2001年12月30日，第14版。

2007 年开始，由于欧文龙案件的爆发，官员问责制成为特区政府行政改革的重点。2007 年公共行政改革路线图中，官员问责是行政改革中全面革新公职法律制度及公务人员管理机制中的重要内容。2007 年行政法务司长陈丽敏在列席立法会全体会议时表示，"完善政府官员问责制一直是政府推行政改革的一项重点工作……高官问责制的构思工作已进入最后完成阶段"。①

7.1.2　2009～2010 年的制度出台阶段

2009～2010 年是澳门官员问责制的正式构建和制度出台时期，这个阶段特区政府集中推出了一系列和官员问责制有关的法律文件。2009 年 7 月特区政府通过第 15/2009 号法律《领导及主管人员通则的基本规定》，2009 年 8 月特区政府制定第 26/2009 号行政法规《领导及主管人员通则的补充规定》，2010 年 12 月特区政府颁布第 384/2010 号行政长官批示《领导及主管人员行为准则——义务及违反义务时的责任》，2010 年 12 月特区政府公布第 24/2010 号行政法规《澳门特别行政区主要官员通则》及第 112/2010 号行政命令《澳门特别行政区主要官员守则》。这些法律法规中关于官员问责的相关规定，勾勒出澳门官员问责制的基本样貌。

在出台官员问责制中，特区政府强调其制度宗旨是加强官员的"权责一致"、"有权有责"意识，并非"一出事即撤职"，即"问责"不等于"下台"。对于"不是官员一犯错就要下台"的立场，崔世安行政长官有过明确的表示，"高官问责不是一有事就离职"。②

---

① 《高官问责制年内交立法会讨论》，《市民日报》2007 年 1 月 18 日，第 P04 版。
② 《高官问责制定今年实行，政策研究室半年内组成》，《新华澳报》2010 年 3 月 18 日，第 01 版。

7.1.3　2011 年至今的制度推行阶段

2011 年至今，是澳门官员问责制的推行和落实阶段。在这段时期，官员问责制在实际的执行中难以落地和落实，被批评为"形同虚设"、"讲多过做"、"有权无责"。有社会意见质疑，"有些官员在传媒追访之下也只是不断强调各种客观原因，从不主动认错"。[①]

由于官员问责制在实践中难以落实，在 2013 年的一份民意调查中，官员问责制被认为是居民最不满意的施政议题之一。例如，澳门新视角学会"居民对明年施政报告的期望"民调结果显示，受访居民最不满意特区政府处理住屋及官员问责问题，满意度均低于四分。"居民最不满意的是'楼市调控与公屋建设'和'官员问责'两项，分数介于'零分到负四分'之间，居民选择比例亦远高于其他施政项目，表明居民不满情绪较强。"[②]

7.2　官员问责制的主要规定

澳门官员问责制主要体现在《领导及主管人员通则的基本规定》、《领导及主管人员通则的补充规定》、《领导及主管人员行为准则——义务及违反义务时的责任》、《澳门特别行政区主要官员通则》、《澳门特别行政区主要官员守则》的相关法律规定中。总体上讲，这些法律规定明确了官员所需承担的责任，包括道义、政治、行政及法律层面的责任，其内容主要体现在两个方面，一是关于领导及主管人员的问责制度，二是关于主要官员的问责制度。

---

① 《施家伦倡设引咎辞职落实官员问责》，《市民日报》2014 年 6 月 10 日，第 P05 版。
② 《促政府落实制度提升管治威信 受访居民最不满官员问责》，《澳门日报》2013 年 11 月 5 日，第 B01 版。

7.2.1　关于领导及主管人员的问责制度

1. 承担一般公共行政工作人员的义务

在官员问责制度没有正式确立之前，澳门的官员也是要进行问责的，主要体现在公务员义务和纪律责任方面的规定。由于澳门领导及主管人员和一般公共行政人员难解难分的关系，《领导及主管人员通则的基本规定》第 11 条规定了，"领导及主管人员受澳门特别行政区公共行政公共人员的一般义务及相关职务固有的特定义务约束，但不影响本身通则所规定的排除适用及特别规定"。由此，领导及主管人员首先要承担一般公共行政工作人员所需要的义务和责任。

澳门第 87/89/M 号法令核准的《澳门公共行政工作人员通则》规定，澳门一般公共行政工作人员的义务是"无私、热心、服从、忠诚、保密、有礼、勤谨、守时"。同时，法律还规定了违纪行为的处分有书面申诫、罚款、停职、强迫退休、撤职等五种处分等级。

2. 承担领导及主管人员的民事、刑事、纪律、财政及特定责任

根据第 15/2009 号法律《领导及主管人员通则的基本规定》，澳门领导及主管人员有义务以遵守合法性之方式及以公正之态度对待下属，其责任主要包括民事、刑事、纪律、财政及特定责任。首先，领导及主管人员所需要承担的法律责任主要体现在民事责任及刑事责任上，即"领导及主管官职据位人，须按适用法例的规定，对在执行职务时所作出的不法行为负民事和刑事责任"。其次，领导及主管人员在履行职务时，须按适用法律的规定向澳门特别行政区和其他公法人承担纪律责任和财政责任。最后，领导及主管人员的特定责任主要体现在两个方面，即一方面

要忠诚协助政府制定政策，另一方面则要组织及领导部门确保政策执行。领导及主管人员如果违背了特定责任可被谴责，当谴责的情况是公开告诫或特别须予谴责的时候，可被免职且不获补偿。

领导及主管人员的上述民事刑事、纪律财政及特定责任等各种责任内容，可以进一步归结为"忠诚有礼"和"无私正直"。"忠诚有礼"指的是协助制定政策及确保其执行、有效管理负责的组织、维护政府的形象；"无私正直"指的是"保密、回避及申报财产"。法律同时还规定，领导及主管人员的定期委任在五种情况下可以在有效期内被终止：（1）因工作需要，并经适当说明理由，尤其是基于无法证明具能力确保上级订定的指示得以执行或未能落实既定目标；（2）因不遵守专职性义务；（3）因不遵守甄选及聘任人员的规则；（4）不遵守确保公共行政公正无私的规则；（5）因实施违纪行为而被科处罚款或更重的处分。

7.2.2 主要官员的问责制度

根据《澳门特别行政区主要官员通则》、《澳门特别行政区主要官员守则》的规定，主要官员需要承担政治责任。政治责任分为两种类型，一是协助行政长官制定执行政策的责任，二是与立法会有关的责任。

协助行政长官制定及执行政策的责任是指：主要官员应接受行政长官的领导和监督；协助行政长官制定政策；按行政长官的指示，推介和落实所管辖施政领域的政府政策；执行行政长官授权处理的事项；领导、监督或指导下属部门或实体良好执行有关施政领域的政策；主要官员须就政策制定过程及下属部门或实体施行上级订定的政策的失误向行政长官承担责任。

与立法会有关的责任是指：根据《澳门基本法》第六十五条的规定，澳门特别行政区政府必须遵守法律，对澳门特别行政区立法会负责：执行立法会通过并已生效的法律；定期向立法会作施政报告；答复立法会议员的质询；根据《澳门基本法》第五十条（十五）项的规定，行政长官根据国家和澳门特别行政区的安全或重大公共利益的需要，决定政府官员或其他负责政府公务的人员是否向立法会或其所属的委员会作证和提供证据。

7.3 官员问责制的实践困境

澳门官员问责制历经社会的广泛讨论和政府的精心准备，涵盖主要官员和领导及主管人员两个层面的内容，形成了具有澳门特色的问责制度。然而，官员问责制的实践表明，官员问责制的运转并非十分顺畅。究其原因，澳门官员问责制中的问责规定显得有些笼统抽象，缺乏对问责主体、问责对象、问责程序、问责事项、问责标准、处分等级等问责环节的系统化、精细化的制度规定。这就使得官员问责制在实践和执行过程中不容易操作和落实。官员问责制在运行实践中的困境主要体现在官员间权责关系不明确、官员的绩效评审难以区分绩效、官员调任有回避问责之嫌、官员问责方式相对缺位等四个方面。

7.3.1 官员间权责关系不明确

权责关系明确是问责制有效执行的基本前提。一般来说，官员问责制的基本路径是触发问责、执行问责和追究问责。"问责程序主要应该包括启动问责触发程序、启动问责执行程序和问责追究程序等若干环节，它们构成了对政府官员问责的基本路径。"[①] 当

---

① 韩艳丽、唐宇：《政府官员问责制度设计：基于问责程序的分析》，《社科纵横》2015 年 3 月，第 52 页。

中，有效执行问责的前提条件就是官员间有清晰的责任界定和划分，才能避免由于责任界定模糊不清而造成的互相推诿责任和逃脱责任的问题。

澳门官员问责制难以有效执行，最主要的原因也是权责关系难以厘清，责任主体不容易明确。特别是在澳门授权体制的特殊体制下，不同级别政府官员的权责关系更为复杂。需要明确的是，澳门在回归祖国以后一直沿用回归前的授权制度。所谓的授权制度是指，"不同级别的政府官员，在其获得委任后，并没有即时得到职位权力去行使职务，而需要另外从任命其职务的上级官员那里获得授权后，方能行使职务。而上级官员的权力同样是由其上级授予的，即最终的权力授予者是行政长官"。① 在授权制度下，作为官员问责制基础的"权责一致"的区分会面临更大的困难。在问责相关官员责任时，由于没有明确的职位权力的区分，导致责任区分也陷入一种含糊不清的状态。与此同时，关于"授权授责"与"授权不授责"的议题也会充满争论，从而出现权责不清而导致责任主体不明确的局面，这是澳门官员问责制在实践中面临的最主要的困境。

事实上，从世界各国问责制度的实践运行看，问责制度难以有效落实的重要原因之一在于问责关系难以清晰。正如有西方学者所指出的，现在清晰的问责关系和过程可能会越来越稀少，在公共政策制定的复杂世界中，寻找因果关系经常是一件极其困难的事情，因为各种各样的、捉摸不定的内外因素共同导致了结果产生。换言之，某种结果和官员个人因素的结果之间的关系是不确定性的，现实情况下往往是多种原因决定了某个结果的产生，

---

① 娄胜华：《授权与问责：澳门特区官员问责制审视》，《国家行政学院学报》2011年第4期，第70页。

这种情况下如何去区分官员这个因素的比重并给予恰当的责罚，在操作上会随着公共政策的复杂化而变得越来越困难。在现实世界中，某个官员要承担某项责任，往往需要区分好上下级之间的责任、个人与集体之间的责任、各个合作主体之间的责任、个人责任和制度责任、主观责任和客观责任、正职的责任还是副职的责任、独立责任还是连带责任、直接责任还是间接责任、不作为责任还是犯错误责任等各种责任关系。其中，上下级间的责任关系、个人与制度的责任关系以及各个合作主体之间的关系尤其值得关注。

首先，澳门的政府管理体制是一个相对集权的行政体制，下级的行为一般都需要得到上级同意才能进行。回归以来，虽然上级部门做了不少的授权，下级获得了一些权力，然而，下级得到的授权通常只是常规性决策权和执行权，重要的决策权通常都在行政长官和主要官员那里。在《领导及主管人员行为准则——义务及违反义务时的责任》的规定中，"忠诚有礼"作为首要的要求包含"协助制定政策及确保其执行"、"有效管理负责的组织"、"维护政府的形象"等三个方面的内涵，其中排在第一位的内涵是"以其专业能力协助上级制定及执行政策"。在这个基础上，管理部门和维护形象才是顺理成章的事情。值得关注的是，澳门没有严格意义上的政务官和事务官的分野，局级官员的职能限于政策建议和政策执行的角色，他们的行为通常都是在上级的严格监督下来进行的。由此，对澳门领导以及主管责任的追究，就难免牵涉到上级责任的问题。上下级责任关系难以清晰，这是澳门官员问责制在实践中首先遭遇到的一个难题。

其次，制度责任还是人的责任。当代新公共管理理论之所以提倡"弹性政府"、"放松管制政府"的改革政府主张，就是看到了很多问题并不是"人"的原因，而是制度的原因，是因为"好人限于坏的体制之中"。回归以来，澳门虽然进行了一系列的法律制度改革，但其成效不高，行政效率低的决定性原因更多是制度的原因而不是人的原因。如果造成某种不良后果主要是制度的原因，那么追究某个官员的责任就难免有失公允。而如果在没有很好地改革原有法律制度的前提下去严格执行和推广官员问责制，则有可能加重"不做不错、少做少错"的卸责现象，使得某些有抱负、想有所作为的官员望而却步，不敢越雷池半步，守法并以法律顾问的意见为最高意旨。因此，在推行官员问责制中，需要全面改革现有的不合理的法律制度，以更好地区分制度责任和个人责任。

最后，合作行政中部门责任的区分、责任部门纠缠不清的问题。随着公共事务管理的日益复杂化，不少公共事务是需要跨部门的协作行动来共同完成的，比如澳门在打击非法旅馆、食品价格、旧区重建等问题上就成立了跨部门合作小组，旨在形成多部门的联合力量来合作解决棘手的公共问题。虽然跨部门合作有利于实现优势互补、资源共享的合作优势，但却导致了"责任空心化"的新问题，也就是跨部门合作中如果出了问题谁承担责任的问题。这其实是一个所谓的新的集体责任的问题，它对明晰权责和开展官员问责活动提出了新的挑战，已经成为当前国际公共行政学界比较关注的新的责任追究难题。这就意味着，澳门有效开展官员问责制，需要建立在明确划分部门职能的基础上来明确责任主体的归属。在内地的许多城市，所谓"政绩工程"、"形象工程"乃至"决策失误"、"执行不力"的问题往往都是各个职能部门齐抓共管的产物。这种情况下，当出现问题时，如何去追究哪个部门官员的责任就难以判定。对此，香港在实施高官问责之前，就致力于解决好各个政策局之间职能交叉、权责不清的关系，从资源分配更加合理和政策内容更加协调的角度，将原来的

16 个政策局进行合并为 11 个政策局。[①] 因此，澳门官员问责制的有效实施需要理清部门间的职能关系，防止出现由于职能不清而出现问责不明的情况。

以上各种责任关系是在落实官员问责制度过程中无法绕过的环节。需要承认，现实中的这些责任关系往往难以清晰，当中牵涉的因果关系千丝万缕。而如果缺乏理清这些责任关系的机制，就会出现因为责任主体不清而问责对象不明的情况，从而使问责制度在实践中困难重重，流于形式。正是这个原因，官员问责制度落实难并不是澳门特有的现象，在问责制度高度成熟的西方发达国家也依然存在权责关系难以明晰的现象。由此，为了使官员问责能真正运转起来，需要对上下级的责任关系、主客观责任关系以及部门间关系有进一步的梳理和完善。

7.3.2　领导及主管人员的绩效评审难以区分绩效

在澳门官员问责制的运行中，基于"庸官也要问责"的理念，特别强调官员问责和官员绩效评估的紧密结合，以官员的绩效评估作为官员问责制的可行基础，从而实现问责与考核、晋升结合在一起的制度预设。这正如在制度设计之初有议员提到的，"建立高官问责制后，尤其要确立一个机制，将问责与工作考核、晋升结合在一起，达到择优汰劣，令社会特别是整个公务员团队觉得管理层有规管，而自身亦都有条件向上"。[②]

事实上，官员问责和绩效评审的结合，是澳门特区政府推行官员问责制的核心要旨。2014 年的施政报告指出，政府高度重视"官员问责"，并将其与公共行政绩效管理，特别是已经实施的领

---

① 鄞益奋：《官员问责制的基本构成》，《澳门月刊》2008 年第 5 期，第 18～19 页。
② 关姐：《政府乏决心高官问责》，《市民日报》2010 年 11 月 24 日，第 P04 版。

导官员绩效评审制度结合起来，通过绩效管理、领导官员评审和官员问责三个不同层面的评价制度，实现政府接受监督、自我监督和自我完善。2015 年的施政报告提到，完善领导官员绩效评审制度，实现官员问责制度与领导官员绩效评审制度的结合，形成"绩效导向"和"权责相当"的行政文化。2017 年的施政报告也提到，继续推进领导官员绩效评核工作，落实并强化官员问责制度。

然而，领导官员绩效评审制度的实践成效深受质疑。有议员质询政府公布的"领导人员工作评审报告"式样的最低评级标准只是"有待改善"，担忧难成为官员"落台"的准则，要求当局交代各项评级标准的制订依据。① 也有议员提到，评审力度和深度始终不够，官员普遍的评审结果都是"优秀"，至今都无官员因为"绩效评审不通过"而被中止委任，市民觉得评审制度形同虚设②。某种程度上讲，绩效评审和官员问责有唇齿相依的关系，绩效评审难以有效展开，难以区分官员的绩效，使得依托绩效评审的官员问责制也就难以真正落实，官员绩效评审和官员问责的结合在实践中并没有实现。

7.3.3　官员调任有回避官员问责之嫌

诚然，自从 2010 年澳门官员问责制的相关法律规定出台以来，确实有官员被问责下台、终止定期委任的情况。比如，2010 年初，在《领导及主管人员通则的基本规定》《领导及主管人员通则的补充规定》颁布后不久，时任财政局局长刘玉叶就因为审计监督而被问责下台。又如，2017 年，文化局前局长吴卫鸣、梁

---

① 《如何问责如何改善何润生：评审官员标准模糊》，《澳门日报》2013 年 10 月 5 日，第 B05 版。
② 《公务员晋升机制将完善》，《新华澳报》2017 年 11 月 23 日，第 P01 版。

晓鸣及副局长陈炳辉，因 2010 年至 2015 年间违反有关开考及"中央招聘"法律规定，绕过上级机关的审批和监管，以取得劳务的方式长期大量聘用工作人员，特区政府根据《澳门公共行政工作人员通则》规定，对三人科处分别为期 60 日、45 日及 10 日的停职处分。

与此同时，社会更为关注的是，一些可能需要问责的官员，在问责没有正式展开之前调任职位，有回避问责的嫌疑，而且其调任的新职位，虽然不是领导官员的职位，但却享受与领导官员差别不大的高薪厚禄。2013 年，时任电信管理局局长陶永强调任运输工务司司长办公室顾问，社会就质疑这是否与电信部门无法解决多年来积累的各种问题有关。社会有批评声音指出，"官员调任'顾问'，当局一直不解释原因，社会对顾问的功能、是否为失职官员安置之所，是否顾而不问有各种疑问。调任顾问的做法显示澳门官员问责制度欠透明，行政和政治责任归属不清晰"。①

7.3.4　官员问责方式相对缺位

众所周知，行政问责是对行政责任进行定向追究的一种事后监督手段，其根本目的在于对行政失范行为的监督和预防，主要手段包括各种形式的行政和司法追究。② 对失责官员进行惩罚是问责制中重要的组成部分，如果忽略这个环节，问责制就如同虚设，发挥不了威慑力，也难以有效促成官员责任意识的形成。因此，官员问责方式的明确化，是官员问责制不可或缺的组成部分。

澳门官员问责制主要分为领导及主管人员问责、主要官员问

---

① 《不满官员问责制不清，陈送两议员提出质询》，《新华澳报》2013 年 10 月 22 日，第 P02 版。
② 张创新、赵蕾：《从"新制"到"良制"：我国行政问责的制度化》，《中国人民大学学报》2005 年第 1 期，第 112 页。

责两种问责类型。当中，领导及主管人员的问责规定中，领导及主管人员的问责方式是有明文规定的。领导及主管人员如果违背了一般公共行政人员要遵守的义务，就可能受到书面申诫、罚款、停职、强迫退休、撤职等处分；领导及主管人员如果违背了特定责任，则可能受到谴责乃至免职且不获补偿的处分。相比较而言，在关于主要官员的问责规定中，就没有关于官员责任承担方式的规定，欠缺关于主要官员违背政治责任后处罚准则的规定。在这种情况下，如果主要官员违反相关法律规定的要求，就难以真正实现政治方面的问责。就此，有议员对政府提出质询，"本澳可用作主要官员问责依据的法律法规只提责任，不提违反责任后的问责方式，使得法律因缺乏可操作性而形同虚设"①。

7.4　官员问责制的改革方向

从澳门官员问责制的实践困境中不难发现，虽然澳门已经出台了五份与官员问责相关的法律规定，但澳门官员问责的制度化、规范化程度依旧有较大提升空间。权责关系的不明确、官员调任有回避问责之嫌、官员问责方式相对缺位等问题的存在，说明澳门官员问责制存在非制度化、非规范化的一面。而"非制度化、非规范化的问责制不仅对当事官员不公正，对非当事官员也起不到有效震慑作用"②。由此，未来澳门官员问责制需要进一步检讨和完善，在理顺权责关系、完善领导官员绩效评审制度等基础上，尤其需要确立以行政问责为中心的官员问责体系、突出领导及主管人员的特定责任问责、规范官员问责的运作程序。

---

① 《议员冀检讨官员问责制》，《大众报》2013 年 10 月 31 日，第 P04 版。
② 姜明安：《政治责任是否应当法定化》，《人民论坛》2008 年第 12 期，第 34 页。

7.4.1　确立以行政问责为中心的官员问责体系

每个国家和地区的官员问责制是和特定的历史、文化、政治体制密切相关的，只能根据本地实际情况来具体设定。自从 2009 年澳门官员问责制度出台以来，基本上已经形成了领导及主管人员承担行政责任和法律责任、主要官员承担政治责任的问责体系。从特区政府对官员问责制与领导官员绩效评审制度结合的特别强调中，不难观察到，领导及主管人员特别是领导官员的问责是澳门社会和特区政府的主要关注点。就此，不妨将澳门官员问责制未来的发展重心定位在对领导官员的行政问责方面，以此作为改革和完善澳门官员问责制的基点，形成和澳门实际情况相符合的官员问责制。

领导人员作为问责官员的重心，表明中国澳门官员问责制将形成与西方国家官员问责制、中国香港高官问责制截然不同的特点。西方国家及中国香港的问责官员主要是政务类官员，主要承担的是政治责任；中国澳门问责的领导人员从政务官和事务官两分的大框架中是事务官，主要承担的是行政责任。

在确立以领导官员作为问责官员重心之后，可以将官员问责嵌入领导主管制度乃至公职法律制度进行整体考虑，规范行政问责的客体及其职责，明确责任种类及责任追究方式，实现评核、委任、问责的一体化。

7.4.2　突出领导及主管人员的特定责任问责

当前澳门领导及主管人员的问责情形可分为两种身份的问责，即基于违反一般公共行政人员义务的问责及违反领导及主管人员特定责任的问责。从澳门官员问责制的运行实践看，对领导及主管人员的问责，主要是基于违反一般公共行政人员义务的问责来着手的。这可以从澳门对官员违反纪律的调查与处理程序中得到反映。"一般情况下，官员违反纪律的调查与处理是由其所属机构或上级管理部门负责，具体程序则适用于《澳门公共行政工作人员通则》的规定。"①

从澳门官员问责程序主要采用公务员问责程序的角度来看，澳门官员问责和公务员问责的两条线索混合在一起，并且起实质作用的是公务员问责。从这个角度看，澳门官员问责制发展到今天，依然没有走出公务员问责的老路，公务员问责是官员问责的底色。

理论上看，官员问责和公务员问责是截然不同的事情。"公务员法关于公务员纪律处分及其责任追究的程序规定与行政问责的程序设计应当是两个范畴的东西。公务员的纪律处分属于公务员管理范畴的问题，它的基本规则对象是公务员个体，就是说，公务员的纪律处分是针对公务员个人而言的。与之相比，行政问责则有所不同，它的作用基点是行政系统及其公职人员包括行政主体、行政领导者、行政主管和直接责任人四个方面。"② 澳门关于领导及主管人员的问责规定中，虽然明确规定领导及主管人员需要承担作为公务员身份和作为官员身份的两种责任，但实际运作中被追究责任的更多的是作为公务员身份的责任，这就使得作为官员的特定责任容易湮没在公务员责任之中。

为此，检讨澳门官员问责制，需要理清领导及主管人员的双重责任，并且将领导主管人员对特定责任的问题放在主要层面，重点追究官员在"效能低下"、"执行不力"、"不认真履行管理职责"、"重大决策失误"、"用人不当"、"监督不力"等管理方面的特定责任。

---

① 娄胜华：《授权与问责：澳门特区官员问责制审视》，《国家行政学院学报》2011年第4期，第68页。
② 关保英：《行政问责程序研究》，《东方法学》2013年第6期，第31页。

7.4.3　规范官员问责的运作程序

澳门官员问责制难以落实，暴露出澳门官员问责制缺乏关于问责主体、问责对象、问责程序、问责标准等环节系统化的制度规定。未来澳门官员问责制在制度化和规范化的过程中，最为重要的一点是要不断规范行政问责的程序，实现行政问责的规范化和制度化。

第一，建构一套科学化的问责事项和问责标准的坐标体系，明确政府官员的失范行为及其对应的问责方式。如果缺失了这套体系，就等于缺乏问责依据，难以真正开展对政府官员的问责。尤其是当被问责的政府官员的行政级别较高时，如果缺乏明确的问责事项和问责标准作为问责的依据，要对其进行问责更加困难。因而，在问责制度的程序设计中，厘定政府官员的问责事项和问责标准显得特别重要，可以有效防止出现问责的弹性空间过大而导致问责不公平的现象。

第二，需要认真讨论澳门授权制度下授权后的责任归属、责任分担情况，重点解决好授权体制下权力与责任的问题，厘清上下级的权力和责任关系。在明确上下级权力关系的基础上，应根据所犯错误事实的性质、情节、危害、关联、主客观条件、适应条规等多种因素来综合确认责任的大小，判断所承担的责任是责任主体的直接责任还是间接责任、主观责任还是客观责任、个人责任还是制度责任，以进一步区分不同责任主体的责任分担情况。

第三，需要进一步实现官员问责制度的问责主体多元化。如果只有单一的上级问责主体，那么官员问责制与一般的官员的行政处分制度就会混淆，这是不符合官员问责制度的本质要求的。从本质上看，官员问责制不应该只是单一的向上级负责，问责制的问责（accountability 而不是 responsibility）主体是全方位的，既包括上级问责主体，也包括社会公众、立法会以及大众传媒等问责主体。在西方发达国家，问责制有多种表现形式，有民选官员向公民负责，有民选官员向议会负责，也有委任官员向民选官员负责等形式。与此相对应，官员问责的模式有"同体问责的模式"，也有"异体问责"的模式。也就是说，官员不仅要向上级负责，更要向立法机关、司法机关、新闻媒体、社会大众负责，官员问责不应该只停留在行政问责的层面，更要实现向政治问责和民主问责的跨越，达成问责主体的多元化。因此，除了上级问责外，澳门的官员问责制度需要重视社会公众、媒体、独立问责机构（审计问责）以及立法会问责质询的作用。只有这样，才吻合国际行政改革的发展趋势，才符合特区政府以民为本的施政理念。

第四，官员问责的主要责任主体应该集中在高层官员而不是平均用力地关注所有领导主管。当前澳门官员问责制的责任主体包括主要官员、领导及主管人员两个部分。其中，主要官员指各司司长、廉政专员及审计长、警察总局局长及海关关长。领导及主管官员是指局长、副局长、厅长、处长、科长。可见，在澳门，官员问责制的责任主体范围比较广泛，科长级以上的政府官员都被列为问责对象。这与香港官员问责制的规定有所不同。"香港问责制规定的问责对象是所谓的'高官'，即各政策局政治助理以上官员，包括司长、局长、副局长与政治助理，而各政策局常任秘书长以下的官员属于政策执行层，由公务员条例管理，不受问责制规范。"[1] 从官员问责制的一般原则看，应该收窄责任主体的范围，主要聚焦对政府高层官员进行问责，这样才可以更为集中地监督行政领导对行政权力的行使。对此，有学者就把

---

[1] 娄胜华：《授权与问责：澳门特区官员问责制审视》，《国家行政学院学报》2011年第4期，第67页。

"集中'问'的对象"作为官员问责制重构和转型的一个核心内容。"集中'问'的对象,就是要把问责焦点集中于行政首长和部门首长,实现'牵一发而动全身'、'四两拨千斤'的目的,减少责任推诿现象,保障权责一致,提高问责效率。"[1]

第五,需要进行问责事项的具体化,重点讨论绩效问责等问责事项的引入和发展。问责事项,即"对什么负责"。问责事项包括的范围是非常广泛的,比如,既要追究有过失的、滥用职权的行为,也要追究拖延、推诿等不作为的行为;既要对发生的重大事故问责,也要对行政作出的错误决策问责;既要对经济领域的事故问责,也要对损害政治领域甚至私人领域的问题问责。这要根据不同地区不同时期的特点来具体设定。澳门应该从自身的实际情况出发制定相关的措施,对需要进行官员问责的情况加以具体的规定。可以预见,官员问责制度与官员的绩效评审制度的结合是未来澳门官员问责制度的重点,官员绩效问责也将成为澳门官员问责事项中的一个核心内容。此外,也可以扩大诸如财政问责、施政报告问责等问责事项在澳门实行的可能性和可行性,建立起涵盖管理问责和民主问责事项并相互平衡的问责体系,建立起有效的惩错罚懒的官员问责制度。

7.5　本章小结

回归以来,澳门特区政府回应社会的诉求,出台了关于官员问责的相关法律,对领导及主管、主要官员的用权行为形成基本的问责规定,彰显"权责须一致"、"用权受监督"的施政理念。

---

[1]　杨君:《从问责官员复出困局审视官员问责的制度重构》,《领导科学》2010 年第 4 期,第 7 页。

然而，澳门官员问责并没有完全落实到位，官员问责制在运行实践中存在着难以落实的困境。究其原因，澳门官员问责制的制度化和规范化程度仍然有待于进一步提升，导致官员间权责关系不清晰、问责方式不到位等各种问题的出现。未来澳门官员问责制需要凸显问责重心和相关的责任内容，不断完善和规范运行程序，明确上下级之间的权责关系，厘定问责官员失范行为及惩罚等级的坐标体系，不断提高制度的系统性和规范性水平。

第8章 薪酬制度改革

拥有一支廉洁高效的公务人员团队是提升政府施政能力的基础、关键和保障。回归以来，澳门特区政府一直致力于优化公务人员的福利待遇，构建公平合理的公务人员制度。特区政府多次调升公务人员的薪酬，并在2012年成立了公务人员薪酬评议会，会议对公务员薪酬调整进行常规检视，形成公务人员调薪的恒常机制。

大幅度的公务人员加薪，是因应澳门经济的快速发展和物价上涨的形势而采取的一项措施，在一定程度上缓解了博彩业等行业待遇上升对政府人力资源管理所造成的冲击。然而，由于澳门公务人员薪酬制度无法对公务人员产生积极的激励作用，公务人员加薪并没有从根本上解决他们士气低落的问题。因此，检讨公务人员的薪酬制度，引入相应的激励机制，是澳门公务人员制度改革的一个重要组成部分。

8.1 薪酬制度改革主线

8.1.1 定期加薪

众所周知，薪酬是吸引人才、留住人才和激励人才的重要杠杆。澳门公务人员加薪，在一定程度上可以缓解政府的人才压力。回归以来，澳门公务人员形成了定期加薪的趋势，公务员薪酬由回归之初的每薪俸点 50 澳门元上升到 2018 年的 85 澳门元，加薪幅度是 70%，平均每年加 3.89%。

首先，公务人员加薪是为了缓解通货膨胀、物价上涨的冲击。自从 2002 年赌权开放以来，澳门经济快速发展。根据澳门统计暨普查局的资料，澳门 2017 年的本地生产总值约为 4042 亿澳门元，是 2000 年本地生产总值（约为 530 亿澳门元）的 7 倍多；澳门 2017 年人均本地生产总值约为 622000 澳门元，是 2000 年人均本地生产总值（125000 澳门元）的将近 5 倍。与此同时，澳门的物价上涨也达到一个相当高的程度。澳门统计暨普查局的数据显示，澳门 2017 年的综合消费物价指数为 109.56，2000 年的综合消费物价指数为 64.82，物价上涨使得公务员加薪存在客观的必要性。

其次，公务人员加薪的幅度，低于澳门总体月收入中位数的增长幅度。根据澳门统计暨普查局的资料，2017 年澳门总体月收入中位数为 15000 澳门元，为 2000 年澳门总体月收入中位数 4822 澳门元的约 3.11 倍；2017 年"公共行政及社保事务"的月收入中位数为 37400 澳门元，为 2000 年"公共行政及社保事务"的月收入中位数 13742 澳门元的约 2.72 倍。可见，回归以来，虽然澳门公务人员不断加薪，但其加薪幅度控制在一定的范围内，低于澳门总体月收入中位数的增幅。从这个角度看，澳门公务人员定期加薪的幅度有一定的合理性。

8.1.2 分级调薪

为了建立更加科学和完备的公务人员薪酬调整制度，特区政府研究实行高层、中层和基层公务人员分级调薪机制的可能性和可行性。分级调薪机制将遵循"照顾基层、拉近差距、提升士气、有序推进"的目标和原则，尽力体现对基层公务人员的关心和倾斜，又注重公务人员整体团队士气的提升，并与澳门公职法律制度的相关规定进行对接和协调。我们希望，阶梯式调薪机制的引入，能够持续完善和优化公务人员薪酬制度吸引人才、留住人才和激励人才的功能，能够更加凸现公务人员制度的公平性，特区政府的施政能力和管治能力也可以借此迈向新的台阶。

值得一提的是，特区政府分级调薪计划的展开，需要和职程制度的改革紧密结合起来，需要以职程制度的调整为前提，为分级调薪机制的引入打造一个坚实的制度基础。这是因为，"两阶段调整职程分级调薪与职程修订有密切关系，会同步进行，现时职级之间距离非常细，若不对职程作调整或合并一些职程而做分级调薪，可能不止达不到目的，而且会令低级公务员高于上一级职程的薪酬。为进行分级调薪制度的设定，需将公务员分为基层与非基层两大类，第二阶段会撤销某些职程来配合长期分级调薪机制"。①

特区政府分级调薪的基本思路是，"希望以公务员的能力为导向，作为检讨《公务人员职程制度》的方向，重新分析公务员担任不同职程职务所要求的能力，在此基础上，才能订定准则推行公务员分级调薪"。② 在实际过程中，政府重点会参考香港实行"分级调薪制度"的做法和经验，致力建立更灵活和客观科学的调薪机制，但不仅仅是偏向某一层级的人员享有较高的加薪幅度。"分级调薪制度"旨在"调整薪酬时，对不同层级人员实行不同幅度的薪酬调整，从而使调薪制度更具弹性，有效发挥薪酬的各项功能"。③

---

① 《分级调薪职程改革同步咨询建立机制多局评估各因素调薪酬》，《澳门日报》2017 年 11 月 22 日，第 B02 版。

② 《公务员分级调薪配合职程检讨》，《大众报》2016 年 9 月 20 日，第 P04 版。

③ 《参考香港经验增灵活客观性分级调薪方案料下半年出台》，《澳门日报》2017 年 3 月 9 日，第 A06 版。

8.2　薪酬制度缺乏激励功能

当前澳门的薪酬制度缺乏激励功能，公务人员管理中不仅存在"同工不同酬"的现象，更存在"不同工也同酬"的现象，公务人员的工作热情得不到有效的激励。

8.2.1　"同工不同酬"

澳门公务人员的薪酬体系存在明显的"同工不同酬"现象，相同的工作得不到相同的报酬。由于历史的原因，澳门公务人员中有"实位"和"非实位"之分，前者的各项福利要优于后者。所谓的"实位"的公务人员，其实就是永业化的公务人员，其各项权利得到法律的切实保障，最为突出的是其担任公职权得到法律的保护；与之相区别，"非实位"的公务人员是政府编制外的人员，法律没有给他们担任公职提供永久性的保障，政府在不需要他们的情况下可以中止工作合同。从机理上看，"实位"人员是公务人员中当然的、固有的部分，而"非实位"人员则是流动的、暂时的部分。因此，"实位"和"非实位"的福利或多或少存在差异。这就导致这样一种情况的出现："实位"和"非实位"的人员做同样的工作，却由于与政府契约关系的不同而获取不同的报酬和福利。例如，实位公务人员一年可以获得 14 个月的薪酬，而有的"非实位"的公务人员则可能拿到 13 个月的薪酬。

"同工不同酬"的另外一种表现是，同一种工作由于处于不同的两个级别而得到不同的报酬。比如，行政文员和技术辅导员做的工作基本上是相同的，但由于所处组别和职程的不同，决定了他们得到的报酬有所差别。这事实上是由澳门公务人员薪酬制度的性质所决定的。当前澳门公务人员的薪酬制度是一种单一的法定级别工资制，它以某一个职级、职等和职阶的工作价值为基础来决定公务人员的薪酬。在澳门公务人员的法定薪酬制度中，公务人员所能够得到的报酬，基本上是由其所处的级别所决定的，因此，两个处于不同级别的公务人员，即使他们做的工作是一模一样的，报酬也会不同。

8.2.2 "不同工也同酬"

单一的法定级别工资制在造成"同工不同酬"的同时，也造成了"不同工也同酬"，即在同一个级别的所有公务人员所得到的报酬基本上是一样的，与其工作的复杂程度、工作的责任、工作所需要的能力没有明显的关系，与公务人员的成绩和勤奋程度的关系也不大。

首先，澳门的公务人员制度缺乏相关的工作分析和职位分析，公务人员所得到的报酬与其工作的复杂程度、工作的责任、工作能力的大小没有明显的关系。澳门公务人员的薪酬制度是以级别为导向的，不是以职位为导向的。而且，在澳门公务人员的职程制度中，作为决定薪酬唯一准则的级别所需要条件过于笼统，任职条件只有相应的学历要求，职务特征的表述也比较抽象和模糊。此外，虽然为专业性的岗位专门编撰了特殊职程制度，但其分类标准也是以宏大的工种类别为基础，没有涉及工作难度的分类。这种结果使政府难以根据工作岗位的需要配置与岗位相适应的人才，也可能会导致"复杂的工作没有人做，简单的工作抢着做"的情况。

其次，处于同一级别的公务人员所得到的报酬与公务人员的成绩和勤奋程度等因素也没有直接的关系。这其中的原因有几个，一是当前澳门公务人员的工作表现评核制度仍然处于起步阶段，没有把评核结果和薪酬水平有机结合起来；二是晋升制度基本上遵循两年提高一个职阶的模式，人员的向上流动机制比较僵化；三是主管和领导的任命没有特别明确的标准，与成绩和勤奋程度的相关性有待加强。这样，同一级别的公务人员基本上处于一种"干多干少一个样""干好干坏一个样"的状态，薪酬制度无法起到"奖勤罚懒""奖优罚劣"的激励作用。

亚当斯的公平理论指出，人们的公平感并不在于所得到的绝对量的多少，而在于相对量的多少，即往往是在与别人的比较中产生的。只有当人员觉得得到的回报值得所付出的，才会产生公平感，才会有奋发向上为组织贡献能力的意愿。澳门公务人员中"同工不同酬"与"不同工也同酬"现象，没有根据工作的效果和贡献率来支付工作报酬，薪酬与绩效低度相关，抹杀个体劳动的差异和个体收益的差别，一定程度上挫伤了公务人员的工作积极性，无法发挥薪酬制度应有的激励功能。

8.3 创新薪酬制度

简单的加薪并不能够解决深层次的激励问题，公务人员士气的提升，很大程度上取决于公务人员的满足感和公平感的提升，取决于薪酬制度的激励程度。只有在公务人员的薪酬制度中引入激励机制，才能从根本上吸引人才、留住人才和激励人才。因此，创新公务人员薪酬制度，才是提高公务人员士气的根本途径。

事实上，澳门特区政府在近年来一直致力于对公务人员制度进行改革，推出一系列公职法律改革，对公务人员的工资、晋升、招聘、退休、合同等制度进行变革，借此以实现更加富有活力的公务员制度。在薪酬制度方面，面对"同工不同酬""不同工也同酬"的现象，特区政府也已经启动了相应的改革，致力于提高公务人员的士气。政府的改革设想包括提高警察人员的薪酬，提高领导和主管的薪酬，增加一个职级等。从这些改革动议看，基本上都是把加薪作为加强激励的主要途径。这是值得商榷的。一方面，与社会保障支出一样，公务人员的薪酬也存在"能升不能降"的刚性定律。如果在经济不景气的情况下，公务人员的减薪会有相当大的压力，引发公务人员的不满，香港的前车之鉴已经充分说明了这一点。另一方面，"同工不同酬"与"不同工也同酬"现象说明了，当前存在的主要问题，并不是薪酬总体水平偏低的问题，而是薪酬结构过于单一的问题。因此，应该转变观念，突破原有的提升薪酬水平的构思，把改革的重点放在调整薪酬结构上。

借鉴国内外关于公务人员工资的一些做法，特区政府可以考虑建立一个类似于"三级工资制"的薪酬制度，即薪酬由级别工资、岗位工资和绩效工资三部分构成，确定一个与"位"、"能"、"绩"相对应的薪酬水平，以此来重塑澳门公务人员的薪酬制度。当然，这种设想的可行性有待理论和实践的进一步检验，三种工资的比例和形式更是需要各个方面的调查和论证。这里更多的只是强调一点：引入岗位工资和绩效工资，改变原有薪酬制度中单一的级别工资制。

8.3.1　增强报酬和职位的一致性

澳门公务人员职程制度规定了澳门公务人员的职业发展的基本方向。澳门公务人员职程制度将澳门公务人员分成高级技术员、技术员、技术辅导人员及工人四个人员组别，四个人员组别对应不同的工作复杂和困难程度，对人员的学历要求也各不相同。其中，高级技术员从事的是创造性的工作，需要能独立并尽责执行咨询、调查、研究、创造及配合方面的工作，协助上级做出决策，对应的是大学本科及以上的学历；技术员从事的是应用性的工作，需要对既定计划中技术性的方法及程序能独立并尽责担任研究及应用的职务，对应的是高等课程的学历；技术辅导人员从事的是执行性的工作，可以分成技术辅导员和行政技术助理员两个基本职程，技术辅导员需要以对某些方法及程序的认识或配合为基础，担任既定指令中的技术应用的执行性职务，对应的是高中毕业的学历；行政技术助理员需要担任既定指令中的技术应用的执行性职务，对应的是初中毕业的学历；工人从事的也是执行性工作，分为技术工人和勤杂人员两个职程，技术工人需要担任既定一般指示中具一定复杂程度的人手或机械操作的生产活动方面或维修及保养方面的执行性职务，对应的是小学毕业且有专业资格或工作经验的学历；勤杂人员需要执行通常属非特定的劳力工作或担任简单的体力劳动式的执行性职务，对应的是小学毕业的学历。由此，在澳门公务人员职程制度之下，可以区分为高级技术员、技术员、技术辅导人员及工人等四个人员组别和高级技术员、技术员、技术辅导员、行政技术助理员、技术工人和勤杂人员等六个基本职程。其中，在高级技术员、技术员、技术辅导员、行政技术助理员等四个职程中，又区分出五个职等和职级，每个职等又区分出 3~4 个职阶；在技术工人和勤杂人员两个职程中，虽然没有区分不同的职等和职级，但每个职程都区分为 10 个职阶。由此，澳门公务人员的薪俸点由不同职程的不同职等的不同职阶，或者由不同职程的不同职阶来决定。

当前澳门公务员的士气低落，相当大程度上是因为澳门的公职人员制度中并不存在一个完善的职位分类制度，导致不少公务人员的工作报酬与工作职位的复杂性程度相脱钩，容易出现职位和工作待遇不相称的情况。同一级别各个工作岗位所要求的工作难度、工作责任和工作能力是有区别的，单一的级别工资制抹杀了这种区别；不同级别的工作岗位则有可能有相同的工作难度、工作责任和工作能力，单一的级别工资制忽略了这种趋同。换言之，单一的级别工资制只是一个比较粗的制度框架，只能提供基础性的粗线条和轮廓，如果把它当成是薪酬制度的全部，就极有可能无视个体劳动的区别。因此，现代化的薪酬制度要求，级别工资只能是薪酬制度的基础性部分，不能是薪酬制度的全部。

8.3.2　引入岗位工资，强化工作分析和职位分析。

按照不同工作岗位的要求配置相关的人才，力求做到人与事的结合，人尽其才，才尽其用。岗位工资的目的，在于形成一个与具体岗位、具体能力相对应的薪酬，实现薪酬水平和个人才干的配套。也就是说，岗位工资的中心目的，就是通过岗位与能力的对接，实现一个以能力为导向的工资制度。要实现这个目标，澳门特区政府要完善当前的职位分析和工作分析，这是一个非常大的工程。但同时我们也要看到，特区政府提升主管和领导工资的构想，事实上就是一种职务工资和岗位工资，所以岗位工资在特区政府已经有了发展苗头。如果这种思路顺延到一般的公共行政人员中，就可以有力促动岗位工资的推行。

乍看之下，澳门公务人员职程制度根据工作复杂程度和学历的不同划分了不同的工作性质，再由不同的工作性质来决定不同的工作报酬和薪俸点，体现了工作性质和工作报酬的一致性。然而，在澳门的行政工作实践中，却出现了工作报酬和工作职位不一致的情况，导致公务人员士气低落。究其原因在于，澳门公务人员职程制度对于工作难易程度的区分，只是在工作性质的区分，并不是真正的工作岗位的区分。这种工作性质难易程度的区分是抽象化、简单化而粗框化的，距离现代意义上精细化的职位分析和岗位分析的要求甚远。迄今为止，澳门公务人员制度中缺乏真正的工作分析和职位分析。由于职位分析的匮乏，澳门公共行政的实践很难达成职位与报酬的一致性，有做出卓越贡献的公务人员，其报酬可能等于甚至低于不做事的公务员的报酬，从而导致不少公务人员的士气低落，形成"不做不错、少做少错"的公务人员文化。此外，澳门公务人员职程制度区分六个基本职程的学历标准已经过时，当前进入澳门公职的人员基本上已经都有本科学历。如果说对四个人员组别、六个基本职程的两大标准是工作性质和学历要求的话，那么学历要求这个区分标准事实上已经变得毫无意义。在工作性质和学历要求这两大支柱性区分标准都失效的情况下，澳门公职人员职程制度的合理性显得岌岌可危，难以确保工作及其报酬的对应性和对称性，难以构建能形成合力的工作分配体系，从而对公务人员的士气形成负面的影响，难以有效激励公务人员工作的积极性。

8.3.3 引入绩效薪酬

最后，充分利用澳门行政工作绩效评估的改革成果，把工作评核的结果逐步应用到薪酬制度中，形成绩效工资，达成评核制度和薪酬制度的良性互动。归根结底，绩效评核只是一种工具，不能为评估而评估，更重要的是评估结果的应用和管理，真正发挥评核制度的功能。因此，把评核结果应用到薪酬制度乃至晋升制度中来，才能从根本上体现评核制度的价值。在这方面，新加坡、加拿大等国家和地区就充分应用了绩效评估的结果，对功绩突出的公务员甚至给予越级晋升的奖励。当然，绩效评估是一项很困难的任务，公共部门的目标具有多元性，产出难以量化，投入和产出之间缺乏直接的联系，这些决定了公共部门的许多工作是难以评估的，美国甚至有提出放弃绩效工资的声音。但不管怎样，在现代化的薪酬制度里，除了级别、岗位之外，"成绩"始终是现代化薪酬制度中一个重要的衡量标准，把"绩"的要素纳入公务人员薪酬制度的考虑范围，是世界各国公务人员薪酬制度改革的发展趋势，也应该是未来澳门公务人员薪酬制度的一个主要发展趋势。

8.4　本章小结

薪酬是吸引、留住、激励人才的基本杠杆，而薪酬能否产生吸引、留住、激励人才的应有作用，很大程度上取决于薪酬的公平性，包括与组织外部比较的公平性和组织内部比较的公平性。[①]

的确，在经济社会快速发展的背景下，公务人员加薪有其合理性和必要性。然而，在澳门公务人员持续加薪的同时，人们不禁要问，加薪是否能够起到吸引人才、留住人才和激励人才的作用？答案似乎是否定的。事实上，随着经济的发展，私人企业市场的行情不断被求职者看好，高学历、高层次的人才愿意选择有更好职业发展前景、更多花红的私人部门。退一步讲，即便加薪能够帮助政府实现吸引人才和留住人才的目标，它却不可能实现激励人才的功能。由此，不断加强澳门公务人员制度的激励功能，借此进一步提升澳门公务人员的士气，是澳门公务人员制度改革的永恒课题。

[①]　吴志华：《美国的公务员制度改革及其启示》，《公共管理学报》2005 年第 4 期，第 79 ~ 84 页。

第9章 退休制度改革

澳门公务人员公积金制度的出台与实施，标志着澳门公务人员养老保险制度启动了从退休制度向公积金制度的转变。本书采用比较制度分析的方法，比较退休制度及公积金制度的制度基准、保障结构、给付方式以及运作模式的区别，指出从退休制度向公积金制度的转变，致力于实现公务人员制度的公平化，符合当前国际养老保险制度变革的方向。

自 1989 年《澳门公职人员章程》颁布以来，澳门公务人员的退休和养老有了切实的法律保障。作为澳门公务人员的制度纲领，《澳门公职人员章程》共分为六篇，分别是一般规定、公共职务之担任、服务之提供、报酬及补助、退休及抚恤、纪律制度。其中，退休及抚恤占到了一篇的分量，对澳门公务人员的退休制度作了详细的规定。2006 年颁布的《公务人员公积金制度》，则意味着退休制度在养老保险制度中的逐步退出以及公积金制度在养老保险制度中的引入。比较退休制度和公积金制度，有助于进一步理清两种养老保险制度的异同，揭示制度变迁的内在机理。

9.1 退休制度

澳门公务人员，也称澳门公共行政工作人员。根据《澳门公职人员章程》的规定，澳门公共行政工作人员包括公务员、服务人员及散位人员。其中，公务员是指那些以确定性委任和定期委任形式作出任用的公务人员；服务人员指的是以临时委任或编制外合同形式作出任用的公务人员。散位人员则是以散位合同形式作出任用的公务人员。由此可见，澳门公务人员的概念并不是铁板一块的，它包括公务员，又包括服务人员和散位人员。这种以任用方式为标准的分类体系，成为澳门公务人员退休制度的设计基准。

在退休制度中，并不是所用的公务人员都是退休制度的实施对象，澳门公务人员的退休及抚恤制度并没有普惠所有的公务人员，公务人员中的散位人员，被排除在澳门公务人员退休及抚恤制度之外。《澳门公职人员章程》中"退休及抚恤"一篇明确规定，在澳门公务人员中，只有公务员和服务人员才被纳入公务人员退休制度的保障范围之内。

当然，散位人员可以参加澳门社会保障基金的供款计划。澳门社会保障基金的供款种类之一便是公共行政工作人员供款，这是一种"没有向退休基金供款的公共行政工作人员，包括散位、合同位及助理人员的供款"。但与退休及抚恤制度的保障相比，社会保障基金的收益水平明显较低。[①] 实际上，一般社会工作人员也要参与社会报保障基金计划。因此，散位人员名义上虽然是公务人员，在公务人员的养老保险制度中却找不到相应的位置，只是参加政府为一般社会工作人员设立的社会保障。

由此可见，澳门公务人员的退休制度，事实上存在着制度内

---

① 根据现行的法例，公共行政工作人员在社会保障基金的供款金额是每人每月澳门币 45 元（其中 30 元由行政机关支付，15 元由工作人员支付），在满足完成 60 个月的供款而且在澳门长居七年以上的要件后，在 65 岁退休时可获得每人每月澳门币 1450 元的养老金。另一方面，公共行政工作人员的退休供款则是独一薪俸加年资奖金的 27%，其中，以就源扣缴方式由供款人承担 9%，由行政当局透过负责部门的支出表内适当款项承担 18%。而退休金则相当于作为计算基础的薪俸的 1/36 乘以为退休而计算的服务年数，服务年数最高为 36 年。另外，对于退休金的最低薪俸点也作了规定。

部的分野，一种是适用于公务员和服务人员的退休制度，一种是适用于散位人员的社会保障制度。从选择种类来看，公务员和服务人员参加了退休金制度，就不能在社会保障基金登记，而散位人员则只能在社会保障基金登记。与此同时，确定性委任和临时委任人员是一定要参与退休制度的，定期委任和编制外合同人员的参与则是自愿性的；散位人员也一定要在社会保障基金登记。在给付方式上，采用的都是年金给付的方式。表18描述了澳门公务人员退休制度的概貌。

表 18　澳门公务人员的退休制度

适用对象		任用方式	养老保险制度	基金种类	给付方式
澳门公务人员	公务员	确定性委任	退休金	一种	年金给付
		定期委任	退休金	一种	年金给付
	服务人员	临时委任	退休金	一种	年金给付
		编制外合同	退休金	一种	年金给付
	散位人员	散位合同	社会保障基金	一种	年金给付

注：为了与《澳门公职人员章程》中的表述一致，这里不考虑编制内散位人员的情况。但是实际上，编制内散位人员虽然人数不多，也可以享受退休制度的待遇。

9.2　公积金制度

2006年，澳门公务人员公积金制度正式出台，这标志着澳门公务人员的养老保险制度由退休制度走向公积金制度。公积金制度最显著的特点就是取消了公务员、服务人员和散位人员在养老保障上的差别，抹平了公务人员内部的二元差异，意味着各种形式的公务人员都有了作为雇主的政府所提供的养老保障。

公积金制度的适用基准已经不是任用方式的差别，而是入职时间的前后。也就是说，对公务人员实行了"老人老办法，新人新办法"的策略。在 2007 年之前，享受退休制度保障的公务人员，在公积金制度实施以后，可以选择参加退休金计划或公积金计划，而且只能选择其一，不能同时享受。2007 年之后入职的公务人员，不论以哪种任用方式加入公务人员队伍，都一律参与公积金制度。此外，参加退休制度的公务人员不能在社会保障基金登记，而参加公积金制度的公务人员则必须在社会保障基金登记。从给付方式来看，选择退休金的公务人员的给付方式仍然是年金给付，而参加公积金计划的公务人员的给付方式则是以一次性给付为主，以年金给付为辅。表 19 描述了澳门公务人员公积金制度的概貌。

表 19　澳门公务人员的公积金制度

适用对象		任用方式	养老保险制度	基金种类	给付方式
澳门公务人员	2007 年之前入职的公务人员	选择退休金的公务人员	退休金	一种	年金给付
		选择公积金的公务人员	公积金 + 社会保障基金	两种	一次性给付 + 年金给付
	2007 年之后入职的公务人员	所有	公积金 + 社会保障基金	两种	一次性给付 + 年金给付

注：2007 年以后入职的公务人员，实际上有一小部分是永久性享受退休制度的待遇，比如法院及检察院司法官。由于这部分人是特例，这里不作考虑。

9.3　退休制度与公积金制度的总体比较

综上所述，公积金制度与退休制度无论从设计理念还是在具体的运作过程中都出现一定的差异。总的来看，两者在制度基准、保障结构、给付方式以及运作模式上都呈现不同的表现形式。在制度设计基准上，退休制度以任用方式作为制度设计的出发点，而公积金制度则是把入职时间作为首要的衡量基础；退休制度中的养老保险是一元的，只有退休金或社会保障基金作为单一保障，而公积金制度则有公积金和社会保障基金的双重保障；退休制度的给付方式是年金给付，公积金制度是一次性给付为主，年金给付为辅；退休制度是一种收益确定型模式，而公积金制度则是一种缴费确定型模式。表 20 对退休制度与公积金制度进行了总体比较。

表 20　退休制度与公积金制度的总体比较

比较项目	退休制度	公积金制度
制度基准	任用方式	入职时间
保险结构	单一	双重
给付方式	年金给付	一次性给付为主，年金给付为辅
运作模式	收益确定型	缴费确定型

9.3.1　制度基准的不同

由于历史发展的原因，澳门公务人员一直以来便存在着"实位"和"非实位"的划分，这种分类体系在回归以后得到继承和发展，成为澳门公务人员制度最基本的特点。"实位"与"非实位"的划分，根据的标准是任用方式的不同：以确定性委任形式任用的公务人员是"实位"的公务人员，以编制外合同、散位合同等形式任用的公务员则是"非实位"的公务人员。[①] 实位与非实位的公务人员最为明显的差异在于，实位公务人员的岗位实行的是职位常任制，而非实位公务人员则是政府雇员，要根据其业

---

① 如果考核合格，临时委任在两年后可成为确定性委任，即"实位"公务人员；如果定期委任的工作人员具有被确定性委任之职务，也意味着其是"实位"的公务人员。参考何金明《澳门公职法律制度概论》，晨辉出版有限公司，2003；杜德明：《论澳门公务员的本地化》，http://www.macaudata.com/macauweb/book150/html/00101.htm。

绩来决定是否续签。

　　"实位"与"非实位"的划分，在某种程度上成为澳门公务人员制度设计的原点。诸如晋升、薪酬、福利等制度，都不同程度地都体现了"实位"与"非实位"公务员的差别对待。澳门公务人员的退休制度也不例外，对公务员、服务人员和散位人员的养老保障持双重标准，或者说，没有把散位人员列入公务人员养老保障的范围之内。这种以任用方式为基准的制度设计理念，正是澳门公务人员制度日益受到批判的焦点所在。批评者指出，由于非实位公务人员面临着被解雇的危险，在实际工作过程中要比同一级别的实位公务人员承担多得多的工作，而相应的报酬却比同一级别的实位公务人员少。因此，公务人员制度存在着不平等现象，导致公务人员士气低落，有损公务人员队伍的稳定。[①]

　　公积金制度的出台，以入职时间作为制度设计的基准，抛弃了"实位"与"非实位"的二元标准，对所有公务人员实行普惠的养老保障。与养老保险制度比较，公积金制度扩大了公务人员养老保障的范围，平衡了公务员之间的权益差距。当然，公务人员制度是一个包括晋升、薪酬、福利等制度在内的系统，单靠养老保障这一环节的改革并无法改变公务人员制度的精神实质。但不管怎样，公积金制度打破了以任用方式为基准的制度套路，冲击了公务人员制度中固有的不平等现象，激发了非实位人员特别是散位人员的积极性，响应了当前关于公务人员制度公平化改革的诉求。

9.3.2　保障结构的不同

　　在退休制度下，澳门的公务员和服务人员只有一种养老保

---

　　① 　参考《公务员制度改革有利于公务员队伍长远稳定》，http://www.my.org.mo/www2/content/view/67/35/。

险，就是参加政府的退休金计划，散位人员则只有社会保障基金一种养老保险形式；而在公积金制度下，参加公积金的公务人员都有而且必须兼有社会保障基金的保障形式。这说明了，在澳门退休制度下，公务人员要么只有来自雇主的养老保险，要么只有来自公共的养老保险；在公积金制度下，公务人员则享受来自雇主和公共的双重养老保险。

根据世界银行的研究报告《扭转老年危机：保障老人及促进增长的政策》中对三大安老支柱的推荐①，当前世界多数国家的养老金体系由三个支柱共同构成。第一个支柱是公共的养老金系统，第二个支柱是由企业为雇员所建立的补充养老金计划，第三个支柱是个人为应付将来的养老而进行的储蓄。其中，第一个支柱的公共养老金系统，通常以现收现付方式运作，由国家进行管理，属于基本保险的范畴，所有雇员都强制要求参加，并按一定的标准交纳保费和领取年金；对于第二个支柱的养老金计划，通常针对雇员建立个人账户，以基金会的方式进行，由养老金公司或寿险公司进行管理，属于补充养老金的范畴。根据三个支柱的理论，不难看出，对澳门公务人员的养老保险体系而言，社会保障基金属于作为基本保险的第一支柱，而政府的退休制度以及公积金制度是政府作为雇主的养老保险，属于作为补充保险的第二支柱。

由此可见，澳门公务人员的退休制度向公积金制度的变迁，本质上是从单一支柱向双重支柱的变迁。在退休制度下，公务人员或者参加基本养老保险，或者参加补充养老保险。而在公积金制度下，公务人员则参加交叉型养老保险，既可以参加覆盖全体

---

① 这三大安老支柱是，由政府管理及税收资助的社会安全网；由政府强制性推行，私营机构管理的退休计划；个人的自愿性储蓄及保险安排。

国民的养老保险制度，又可以享受独立的公务员养老保险制度。因此，从养老保险的结构上，公积金制度拥有基本保障和补充保障，公务人员的养老保障结构显得更为合理。

从国际上看，当前世界各国的公务员养老保险制度主要可以分为三大类，一是公务员实行单独的公务员养老保险制度；二是公务员既有与全体国民的共同制度，又有公务员的单独制度；三是与其他职业群体实行统一制度。[①] 也就是说，当前世界各国的公务员养老保险制度，既有单一支柱的养老保险制度，也有双重支柱的养老保险制度。因此，这两种模式的选择，并不存在孰优孰劣的问题，更多的是根据具体国家的不同国情而定。

事实上，从澳门公积金制度第一轮咨询和第二轮咨询主要内容的比较中可以发现，在第一轮咨询中并没有社会保障基金的相关规定，直到第二轮咨询才规定，公积金制度之供款人必须同时在社会保障基金作出登记。[②] 这其实可以从社会保障发展的刚性发展规律得到解释，即"社会保障项目往往能增不能减，社会保障待遇往往能升不能降，否则，便会遭到获益阶层的强烈反对，甚至酿成大的社会危机"。[③] 换言之，公积金制度下社会保障基金与公积金的双重保障很大程度上是为了确保公务人员的整体权益维持不低于原有的水平。

9.3.3　给付方式的不同

虽然《澳门公职人员章程》规定了退休人员可以选择在退休

---

① 易正春：《国外公务员退休养老保险制度及对我国的借鉴》，《行政与法》2004 年第 1 期，第 57～58 页。

② 公务人员公积金制度咨询文件，第二轮咨询，http://www.ccrj.org.mo/RelateLaw/Doc131005.pdf。

③ 郑功成：《社会保障学——理念、制度、实践与思辨》，商务印书馆，2004，第155～156 页。

之日收取一笔款项来代替领取退休金，但在实际运作中，由于很少人选择这种一次性给付的方式，因此，退休制度基本上是以退休金的方式给付退休人员的，采取的是年金给付的方式，即以定期、长期、继续给付的方式给予退休人员退休金。与此形成对比，公积金制度采取的是一次性支付的方式，《公务人员公积金制度》规定，供款人有权取得的款项，在订定有关金额的批示的摘录公布于《澳门特别行政区公报》后五个工作日内，由退休基金会一次付清。这样，结合社会保障基金中的年金给付形式，公积金制度下有一次性给付和年金给付两种给付方式。因此，从给付方式看，退休制度是一种年金给付，而公积金制度采取的是一次性给付与年金给付的结合。

年金给付与一次性给付是养老金给付的两种基本形式。年金给付在照顾老年退休、提供终生保障方面有内在的优势，同时对社会有稳定作用，也相对不会造成财政调度上的困难，但它却需要负担相应的行政成本，与通货膨胀关系的调适上面临两难的困境；一次性给付内在地具有减少行政手续的困扰，与政府不存在债务关系等优点，但却潜伏着实现不了真正意义的养老保险的危险性。表21详细介绍了年金给付与一次性给付的优点和缺点。

表 21　年金给付与一次性给付的优点和缺点

	年金给付	一次性给付
优点	1. 年金给付照顾老年退休被保险人，合乎社会保险的精神。 2. 年金提供终身收入保障，对退休人员的生活给予保障。 3. 对社会有稳定作用，不致因老年人生活问题，造成社会问题。 4. 年金给付额比一次给付低，对国家或雇主的负担较轻，不致造成调度的困难。	1. 一次领较多金钱运用较方便，如从事投资有较多资金。 2. 退休后的寿命不知，短寿者因已一次领取，对家属受惠较多。 3. 减少未来保险相关行政手续的困扰。 4. 与政府或雇主不再存在债务关系。

续表

	年金给付	一次性给付
缺点	1. 年金给付若金额较低，对被保险人的帮助有限。 2. 年金给付需行政人员与经费的支持。 3. 年金给付不佳会造成实施上的困扰。 4. 年金给付若不依通货膨胀调整，对被保险人有失照顾之原意，若依通货膨胀调整，则会造成后代被保险人缴交较高保险费。	1. 一次领取给付，未来会受通货膨胀影响，而造成生活上的困扰。 2. 一次给付金转用于投资，投资若不当造成亏损，或者不知如何投资，对被保险人不见得有利，失去社会保险的意义。

资料来源：梁宪初、冉永萍：《社会保险》，五南图书出版公司，1997，第46~48页。

从世界各国和地区的养老保险实践来看，实施一次给付制度的不多，更多的实施的是年金给付，也有的国家实行的是一次给付与年金给付并行。澳门地区当前的养老保险制度正由年金给付转向一次性给付与年金给付的结合。事实上，公积金制度下，澳门公务人员不仅有社会保障基金形式年金给付的保障，还赋予了在特定条件下享受退休金形式年金给付的特别权利，形成了以一次性给付为主，年金给付为辅的给付方式。

9.3.4　运作模式的不同

按养老金运作模式的不同，可以区分为收益确定型模式和缴费确定型模式。所谓收益确定型模式，即 DB（defined benefit）计划，指的是养老金项目的主办者作出承诺，按照特定公式决定参加者的养老金受益，只要参加者按规定缴费和缴足一定的年限，参加者就可以得到一笔年金，或一次性支付的制度。缴费确定型模式，即 DC（defined contribution）计划，则指养老金项目的主办者，为每个参加者设立养老金个人账户，参加者可以在主办者规定的限额比例内向基金账户缴费，在参加者退休有资格领取养老金时，按照其账户的资金情况向其发放养老金的制度。①

从这个标准来看，澳门退休制度中规定的退休金运作模式是一种收益确定型模式。澳门退休制度中，公务员和服务人员在满足"至少有15年以上的服务时间，并承担法定的供款"的条件以后，通过公式可以计算雇员退休后领取的养老金数量，即"最后36个月的月薪平均值×90%×退休工龄/36年"。② 相比之下，澳门公务人员的公积金制度则是一种缴费确定型模式，它规定的只是缴费的额度，没有规定或保障雇员能拿多少养老金，养老金的多少与投资方式的选择相关。"公积金采用确定供款模式。根据这种模式，将预先确定供款率，而福利多寡则是视乎供款时间以及个人及政府的累积供款及投资回报的表现而定。"③ 由此可见，澳门公务人员养老保险制度从退休制度到公积金制度的变迁，其实质是从收益确定型模式到缴费确定型模式的转变。

从收益确定型模式到缴费确定型模式的转变，首先减少了政府财政负担风险。公积金制度建立了一个可投资的养老金账户，将养老基金直接推向资本市场，减少国家干预，让市场发挥基础性和主导性作用，减少了政府财政的负担。这其实符合国际养老金市场化改革的趋势，即普遍引入市场化运作和管理机制，实行市场化和自我负责相结合。实际上，从澳门公积金制度出台的目的来看，其制度核心目的之一便是"消除现行退休及抚恤制度对政府财政负担造成的不确定因素"④。可见，与退休制度比较，公

---

① 参照蒋岳祥《国外未来养老金形式的发展趋势及其启示》，《浙江社会科学》2002年第6期，第43页。
② 刘桂珠：《澳门公务员的退休制度》，载吕国民编《澳门过渡时期公共行政论文选》，澳门大学出版中心，第94页。
③ 公务人员公积金制度咨询文件，第二轮咨询，http://www.ccrj.org.mo/RelateLaw/Doc131005.pdf。
④ 公务人员公积金制度咨询文件，第二轮咨询，http://www.ccrj.org.mo/RelateLaw/Doc131005.pdf。

积金制度有利于政府降低财政风险。

其次，从收益确定型模式到缴费确定型模式的转变，增强了个人投资的积极性，有利于拉动宏观经济。在收益确定型的退休制度中，虽然公务人员的缴费与收益也存在相关性，没有缴费就没有收益，但缴费额与保障额之间没有直接关系。公务人员缴费后就无须关注资金的运作，因为到了退休后，有一既定的公式计算收益；而在缴费确定型的公积金制度下，养老金实现了市场化和自主化的运作之后，公务人员自主选择投资权，收益与缴费有直接的相关性。由于个人的积极性得到了提高，基金运营效率也得到了改善，可以达到增进雇员的福利和拉动经济活力的双重功效。然而，市场投资的风险性是不可避免的，公积金下养老金的收益并没有确实的保障。因此，"改革养老保险制度的关键在于如何将养老基金推向资本市场，同时又能确保养老基金的安全"。[①] 在这一点上，澳门公积金制度规定，退休基金会应根据所获得的全部资料向供款人提供有关不同投放供款项目的适当咨询，尤其是有关回报率及风险程度的咨询；此外，澳门政府还专门制定了《公务人员公积金制度投放供款规章》，规范公务人员公积金制度的投放供款的项目。通过这些措施，力求最大限度地保障养老金的安全。

最后，从收益确定型模式到缴费确定型模式的转变，意味着短期雇员在新体制下会得到更多的待遇，从而推动公务人员的合理流动。从人力资源管理的角度来看，收益确定型模式被视为人力资源管理的"金手铐"，一定制度上会限制员工的流动性，"企业之所以要限制员工的流动性，是因为企业在员工的招聘和培训

---

① 蒋岳祥：《国外未来养老金形式的发展趋势及其启示》，《浙江社会科学》2002 年第 6 期，第 44 页。

方面已经进行了大量的投资，这些人力资本投资成本需要在员工的职业生涯中逐渐消化。因此，限制员工的流动性能够使企业人力资本投资成本最小化"。[1] 可见，收益确定型模式有吸引和留住人才的功能。然而，"金手铐"的制度在吸引和留住人才的同时，也限制了人员的流动性。因此，从收益确定型模式到缴费确定型模式的转变，在弱化公共部门对人才吸引力的同时，有利于公务人员在公共部门内部或者公共部门与私人部门之间的合理流动，更好地实现人尽其才、才尽其用的效果。从这个意义上，从退休制度到公积金制度的变迁，对政府的人才战略既是机遇又是挑战，政府需要利用其带来的契机，又要避免其带来的弊端。

9.4　本章小结

澳门公务人员养老制度中退休制度向公积金制度的变革，是澳门公务人员制度改革乃至澳门公共行政改革的重要组成部分。从制度基准、保障结构、给付方式和运作模式等方面的视角来看，这场变革推动了公务人员养老保障的普及化，促进了公务人员待遇的公平性，同时有利于提高公务人员的流动性，赋予公务人员基金管理的自主性，减少政府的财政风险。与此同时，这场变革也带来了诸如如何保障养老基金的安全，如何保持公共部门吸引力等问题。从总体上看，这场制度变迁具有积极的意义，它松动了澳门公务人员制度固有的"任用方式取向"的制度支撑点，契合当前国际养老保险制度变革中从收益确定型模式到缴费确定型模式转变的改革潮流。

---

①　胡秋明：《企业年金的人力资源管理效应及其理论启示》，《财经科学》2006 年第 10 期，第 64 页。

第 10 章　培训制度改革

　　回归以来，澳门特区政府公务人员培训的特点是合作培训、分级培训、约束培训和多元培训。在实践中，澳门特区政府的公务人员培训制度暴露出针对性不强、激励性不高、评估性不足、系统性匮乏的问题。未来澳门公务人员培训需要改变"重约束、轻激励"的现状，推进公务人员培训的系统化和精细化，加强公务人员培训的针对性，激发公务人员参与培训的积极性。

　　培训是公务人员管理的一项基础性工作。回归祖国以来，澳门特区政府非常重视公务人员的培训活动，不断强化公务人员能力与道德伦理的培养，注入"以人为本"的精神，改良公务人员的服务态度与观念，使公务人员培训朝着"整体性、义务性和针对性"方向发展。当前，特区政府正制订短、中、长期的公务人员培训计划，旨在更具针对性地订定培训项目，配合公务人员未来职业生涯发展需要。为此，有必要对澳门特区政府公务人员培训进行制度审视，回顾澳门特区政府公务人员培训的基本特性和存在问题，探讨公务人员培训制度的改革路向。

10.1　培训制度的基本特性

　　回归后不久，特区政府的公务人员培训采取自上而下的方式，从中高级公务人员培训开始，逐步推进全体公务人员的培训。澳门特区政府公务人员培训在政策目标方面强调公仆精神的塑造与能力素质的培养，在培训方式上强调培训的强制性与针对性。[①] 培训的强制性体现为：公务人员必须参加"公务人员基本培训课程""中高级公务人员基本培训课程"等课程，要求新入职的公务人员强制性参加入职课程，并要求每一部门与法律相关的人员强制性参加司法及法律课程。培训的针对性则体现为：根据各级别、各部门公务人员的不同需求，有针对性地开办专项培训课程。从总体上看，澳门特区政府公务人员培训的基本特性表现为合作培训、分级培训、约束培训和多元培训。

10.1.1　合作培训

回归以来，澳门特区政府就持续与澳门理工学院、新加坡公共服务学院、国家行政学院等机构签定协议，对澳门公务人员进行培训。2000 年，特区政府与澳门理工学院签订培训协议，培训课程包括普通话、粤语、葡语、英文、技术专业课程以及"澳门特别行政区公职基本概念""导师培训"等短期课程；培训对象是公共行政现职一年以上和初入公职的工作人员；培训内容涵盖以具素质及职业操守精神服务市民的公仆文化、特区政府施政方针、公共行政组织与架构、公职法律及行政程序制度等。[②]

同年，澳门特区政府与新加坡民事服务学院签署合作备忘录，合作开展"中、高级管理发展课程"，课程的目标是强化特区政府中、高级公务人员的管理能力及技巧，通过与当地公务人员的互相交流，增加对其他国家及地区的公共行政的认识，更好地吸收外地的先进经验。[③]

---

① 曾军荣：《澳门公务员培训政策的演变及发展路向》，《澳门研究》2008 年第 4 期，第 29 页。

② 《公职局与理工签协议开办公务员培训课程》，《华侨报》2000 年 12 月 27 日，第 03 版。

③ 《培训公务员耗二千八百多万 吴国昌提质询认为要讲效益行政公职局对有关问题作响应》，《华侨报》2001 年 5 月 13 日，第 03 版。

　　此外，澳门特区政府还与国家行政学院合办"澳门高级公务员公共政策研修班"和"中层公务人员基本培训课程研修班"，进行了为局长级领导开办的"政策制定培训课程"，制订了"中层公务人员管理技巧发展课程"的专项培训计划。

10.1.2　分级培训

　　2003 年，澳门特区政府制订了公务人员培训计划，目的是进一步提升特区官员制定及落实政策的能力，从而更有效配合施政方针，提高服务质素。[①] 随着这个公务人员培训计划的展开，澳门特区政府对公务员的培训重点从回归前着重于语言的学习，转变到侧重于职业技能的提升。澳门特区政府不仅为主管及领导人员开办了中、高级公务员管理课程班强化高级公务员的政治伦理、施政理念、政策制定及决策的管理能力与技巧，而且对中下级公务员、入职或公职人员推行专业技术课程培训，帮助其了解政府运作规程，体现了公务人员培训的"分级培训"的显著特点。

　　例如，在"中、高级管理发展课程"中，高级公务人员包括行政长官及主要官员办公室主任、局长及副局长、登记局局长及公共证员、行政长官及主要官员办公室顾问及技术顾问、行政长官私人助理及厅长；中级公务人员包括处长及组长。又比如，在"中层公务人员管理技巧发展课程"的专项培训计划中，"中层公务人员"的学员包括高级技术员、科长及职务主管在内的中层公务人员，致力强化公务人员间的沟通和技巧，提高学员在自我、团队及组织管理方面的能力及技巧，提升工作表现及素质，为居

[①]　《澳特区局长级领导参加政策制订培训》，《华侨报》2003 年 1 月 7 日，第 22 版。

民提供优质、高效服务。[①]

10.1.3 约束培训

澳门特区政府公务人员培训具有较强的约束性。根据第 23/2011 号第 14/2016 号行政法规《公务人员的招聘、甄选及晋级培训》（后来被第 14/2016 号行政法规《公务人员的招聘、甄选及晋级培训》取代）的规定，公务人员如果要晋级和晋升，就一定要参加晋级培训，从而使得澳门公务人员的培训与晋升（晋级）紧密结合在一起，使得培训成为晋级的必要条件。

2016 年第 237/2016 号行政长官批示具体规定了不同职程公务人员晋级培训的课程类型及相应的培训时数。晋级培训的课程类型区分为"达标式培训课程"和"修读式培训课程"。"达标式培训课程"是指要求公务人员须合格修读完毕由行政公职局为某一职程内晋级而组织和举办的特别培训课程，学员没有选择课程的自主性；"修读式培训课程"是指要求公务人员修读一定课时以累积取得职程内晋级所需培训时数的课程，学员享有一定程度的选择课程的自主性。"修读式培训课程"要求与将担任的职务直接相关的培训课程占到 60% 以上，而与将担任的职务间接相关的培训课程的比重则不能超过 40%。

根据规定，"达标式培训课程"要求高级技术员、技术员、技术辅导员、行政技术助理员的培训时数都是一样的，都为 30 个小时。"修读式培训课程"的培训时数则因应高级技术员、技术员、技术辅导员、行政技术助理员的职程不同而不同，其中高级技术员的培训时数要求为 80 个小时，技术员的培训时数要求为 70 个小时，技术辅导员的培训时数要求为 60 个小时，行政技术

---

① 《千二中层公务员接受培训》，《澳门日报》2003 年 9 月 21 日，第 B01 版。

助理员的培训时数要求为 50 个小时，如表 22 所示。

表 22　澳门公务人员晋级培训课程类型及培训时数

人员组别	级别	职程	职等	职级	培训课程类型	累积培训时数
高级技术员	6	高级技术员；兽医	5	首席顾问	达标式培训课程	30 小时
			4	顾问	修读式培训课程	80 小时
			3	首席	达标式培训课程	30 小时
			2	一等	修读式培训课程	80 小时
技术员	5	技术员	5	首席特级	达标式培训课程	30 小时
			4	特级	修读式培训课程	70 小时
			3	首席	达标式培训课程	30 小时
			2	一等	修读式培训课程	70 小时
技术辅助人员	4	技术辅导员；公关督导员；车辆查验员；车辆驾驶考试员	5	首席特级	达标式培训课程	30 小时
			4	特级	修读式培训课程	60 小时
			3	首席	达标式培训课程	30 小时
			2	一等	修读式培训课程	60 小时
	3	行政技术助理员；普查暨调查员；摄影师及视听器材操作员；照相排版员；邮务文员	5	首席特级	达标式培训课程	30 小时
			4	特级	修读式培训课程	50 小时
			3	首席	达标式培训课程	30 小时
			2	一等	修读式培训课程	50 小时

资料来源：第 237/2016 号行政长官批示。

10.1.4　多元培训

回归以来，澳门特区政府为不同职级的公务人员开办各种特别培训课程、职业技术培训课程、语言课程和专项课程，以不断强化公务人员的施政能力、危机处理及行政管理的技巧。特别是 2011 年公务人员培训中心成立以来，特区政府更是开办多元化的培训项目和培训内容，为各级公务人员提供集中和系统的培训。

例如，法律培训一直以来是澳门公务人员培训的重点，目的是强化公务人员的执法理念和水平，让公务人员对法律有清晰的了解和认识。另外，特区政府也非常重视前线人员在接待技巧等方面的培训，在培训实践中衍生出一批多元性的培训课程，包括中国行政管理课程、公务人员基本培训课程、前线服务人员培训课程、外交礼宾培训课程、职业技术培训、社会心理学及沟通、人力资源管理与发展及语言培训等各种课程，更有为各政府部门"度身订造"的培训课程，如面向社工局的"接待精神病患者技巧"，面向民政总署的"饮食及饮料场所一站式发牌服务"等。

与此同时，公务人员培训非常重视公务人员道德操守的培训，尤其是加强公务人员及领导层主管人员在专业操守方面的培训。就此，澳门时任行政法务司司长曾经讲过，所有公务人员应遵守其义务，负起个人的责任为民服务，并不断对自己提高要求，尤其是主管领导阶层，需持"以民为本"理念，设身处地为民着想，并以"德"的形式去管治及关心各属下，达到上下沟通，营造出一支士气良好的公务人员队伍。[①]

10.2　培训制度存在的问题

尽管回归以来澳门公务人员培训取得了令人瞩目的成绩，特别是培训课程数目和培训成员数目有了相当大的进步，也确实提升了澳门公务人员的整体素质。然而，就公务人员培训的理论要求来看，澳门特区政府公务人员培训依然存在较大的完善空间，主要体现在以下几个方面。

---

① 《以德培训公务员》，《正报》2003 年 11 月 27 日，第 P01 版。

10.2.1　培训内容的针对性不强

从一定意义上讲，澳门特区政府推行的"分级培训"也是一种针对性培训，针对公职人员的职程或职务范畴，按不同层级对不同的人员进行培训，并衍生出一系列专项、针对性课程。然而，澳门公务人员培训更多的是职程、级别层面的分类培训，而不是职位分类的培训，由此培训的针对性和吸引力受到了一定的限制。换言之，当前澳门特区政府公务人员培训虽然有一定针对性，但其针对性是根据级别的针对培训，而不是根据岗位的针对培训。按级别施教的弊端在于，"对新提升到某一级的官员来说，集中起来进行'岗位任职'式的培训确有必要，但是，对履行职责密切相关的知识和技能的提升，'按级别施教'的局限性显而易见"。①

正是源自这种培训内容针对性不强的缺陷，出现部分培训课程对公务人员的吸引力有所削弱，有些人员甚至会认为修读有些课程是浪费时间，导致澳门公务人员培训的实践中出现了"为培训而培训"的倾向，"侧重于办了多少期培训班，而忽视了培训内容的可用性；培训的实践性较差，针对性不强，培训与使用相脱节，既使培训失去了目的，也使培训者缺少动力，造成学非所用的现象"。② 事实上，澳门特区政府检讨公务人员培训的制度和实践中，也公开承认课程重叠和针对性不强的一些问题，"承认个别培训课程重叠，影响学员的积极性，为此，将加强不同部门沟通，协调培训课程的内容"。③

---

① 周志忍：《公务员培训的中外比较——一些宏观层面的思考》，《北京行政学院学报》2005 年第 3 期，第 3 页。

② 《加大培训力度提高公务员专业水平及效率》，http://waou.com.mo/wa/2011/01/20110114a.htm。

③ 《公务员明年培训倡自我增值终身学习公职局认个别课程重叠将协调》，《澳门日报》2003 年 11 月 6 日，第 B10 版。

10.2.2　培训的激励性不高

与澳门特区政府对公务人员培训的重视程度有些不相匹配的是，澳门公务人员培训的积极性并不是很高。当中有各种各样的原因，除了上文所讲的培训内容针对性不高、实用性不强之外，主要原因在于公务人员培训的激励性不高。

首先，公务人员是否进行培训并没有和公务人员评核、公务人员的薪酬福利等方面直接挂钩。换言之，公务人员如果得到培训，并无法给公务人员的评核、薪酬、奖励、委任等方面带来好处，由此，公务人员的培训并没有和公务人员管理的其他环节进行联动和结合，是否进行培训、培训的效果如何，对员工个人影响不大，公务人员的培训动机就必定没有很好地被激发出来。

其次，公务人员培训虽然和晋升、职业发展挂钩，有助于推广公务人员的培训，但恰恰由于培训与晋升的挂钩，晋级培训普及化和无差别化使晋级培训变成一种保健因素而非激励因素。在当前澳门特区政府公务人员制度中，得到不低于"满意"的评核评语、获得一定的晋级培训时数并进行以审查文件形式为主的晋级考试后，就可以在2～3年晋级。从当前澳门特区政府公务人员晋升的实际情况看，绝大多数公务人员都是2～3年就晋级。当中的原因在于绝大多数人都可以拿到"满意"的评核评语，绝大多数人都可以得到符合法定要求时数的晋级培训，绝大多数人都可以顺利通过文件审查的晋级考试。也就是说，晋级培训在一定程度上讲是一个"凑够时数"的游戏和过程，存在"走过场""形式化"的弊端，难以刺激公务人员培训的积极性。

最后，公务人员培训不仅不能达到激励公务人员的效果，而且在实践中给公务人员造成一定的压力。在澳门公务人员培训的实践中，源自晋级培训凑培训时数的制度安排，公务人员培训可能成为公务人员的工作负担。"现今社会对公务人员的要求越来越高，工作压力大增，加上半强制性的工余培训，如果做得好确可提高公务人员工作质素，怕只是过犹不及，变成公务人员另一重压力来源。"① 培训在一定程度上成为公务人员的工作负担，更多的公务人员纠结的问题是培训时间一定应是工作时间而丝毫不能是乐余时间。

10.2.3　培训的评估性不足

公务人员培训成效缺乏一套系统的考核评估机制，学好学坏一个样，导致公务人员培训欠缺积极性、主动性，从而也进一步削弱了培训的激励性。

一直以来，在公务人员培训制度中，澳门特区政府非常重视培训后的反馈评估，以巩固和提高公务人员的培训成效。早在2003 年，特区政府便宣称已经摸索出培训工作的评估机制，"除了透过日常的绩效评估检定公务人员培训的成效外，特区政府的培训机制还包括课前及课后的工作技巧及能力评估、旁听培训课程、电话访问、检讨会议，以及测试等直接或间接方式，评估培训的实际成效"②。

然而，公务人员培训的评估对培训的关注总体上仍然是不足的。从当前澳门公务人员培训制度的现况看，对公务员采取分门别类的评估考核机制远远不够，公务员培训仍陷于一种"学好学坏一个样"的困境当中。最典型的例子就是作为公务人员培训制度重头戏的晋级培训，却连基本的考试考核都没有。因此，要不断健全和完善考核考试机制，确保公务人员培训工作的质量。具

---

① 《实事求是培训公务员》，《澳门日报》2009 年 4 月 8 日，第 B07 版。
② 《公务员明年培训倡自我增值终身学习公职局认个别课程重叠将协调》，《澳门日报》2003 年 11 月 6 日，第 B10 版。

体而言，需要对公务员培训实施量化评分制，规定每个公务员应达到的分数标准，并根据不同的培训模式制定不同的考试考核办法，以真正客观公正地反映学习的收获和对能力水平提高的作用。

10.2.4 培训的系统性匮乏

澳门公务人员培训在制度上存在的深层问题在于培训缺乏系统性，培训没有和其他人员管理环节有机结合起来，培训体系内部也没有进行整体的分类培训设计。

首先，培训没有和其他人员管理环节有机结合起来。一般来说，一个运行良好的公务人员培训制度，内嵌于一个设计良好的公务人员管理制度。或者说，培训制度的优劣在很大程度上取决于培训制度和评估、奖励、职业发展等人事管理环节的紧密配合关系。反过来依然，一个成功的公务人员管理制度从根本上也是取决于各个人事管理环节的环环相扣的关系是否顺畅。从澳门当前的公务人员培训制度的情况看，虽然培训制度至多和晋升（职业发展）制度结合起来，但两者的结合却由于培训评估机制的缺位而效果不佳；此外，培训几乎没有和评估、薪酬、奖励等机制相结合。

其次，澳门公务人员培训制度的内部没有进行体系化的分类培训。当前澳门公务人员培训制度基本上以晋级培训为重心，没有一套特别针对有潜力的、工作表现优秀的公务人员的培训体系，也没有一套针对表现不佳的公务人员的培训体系。从这个角度看，澳门公务人员培训在体系上是不完整的，培训体系系统性的缺乏不可避免会导致培训制度难以承接培育人才和帮助后进的制度功能。

重"晋级培训"而轻"人才培训"和"后进培训"，导致出现"晋级培训挤兑其他培训"的结果。在实践中，行政公职局安排培训学员的基本原则在于优先安排有晋级需要的公务人员，导致在一定程度上漠视、忽略和牺牲了对基于能力提升和实际岗位需要的技能培训需要。不少公务人员反映，公职局组织的一些培训课程其实挺不错的，对自身能力提升和提升工作质量肯定有帮助，但问题在于报读这些课程很难被筛选到，因为要让位于有晋级培训需要的公务人员。可以判断，由于晋级培训关于公务人员晋级的基本需要，行政公职局不得不优先考虑晋级培训，这反过来必定会影响甚至打击较为好学上进的公务人员的学习积极性。

10.3　培训制度的改革路向

基于澳门公务人员培训制度存在的"针对性不强、激励性不高、评估性不足、系统性匮乏"的问题，未来澳门公务人员培训制度应不断进行改革和完善，在确保培训质量的基础上，其基本改革路向在于推进培训制度的系统化和精细化，加强公务人员培训的针对性，激发公务人员参与培训的积极性。

10.3.1　推进培训制度的系统化和精细化

首先，培育和树立部门和公务人员重视培训的意识，让部门和公务人员达成这样的共识：公务人员培训既是公务人员的权利，也是公务人员的义务。众所周知，培训是公务人员管理的基本环节，是部门人力资源开发的根本途径，也是人员职业发展的核心依托。换言之，公务人员培训既对提高部门时政效率有利，也对公务人员本身的成长有帮助。然而，从目前澳门公务人员培训的实际情况看，有些部门对公务人员培训不够重视，也有些公务人员未能充分认识到培训的意义，甚至产生一些诸如"培训浪费我的时间""培训没有用"等错误观念。正是在这种错误思想和观念的误导下，澳门公务人员在实践中出现了部门都不轻易让工作比较出色和得力的人去培训、"闲人才去培训"的怪象。为了从根本上杜绝这种将培训视为负担的错误理念和思想，需要从根本上纠正传统的"培训无用"的谬论，化解组织绩效与个人福利的紧张关系，实现单位绩效和个人发展的双赢局面，保障公务人员的培训权利。

其次，健全公务人员培训体系，重视领导主管梯队培训，形成优秀人才培训、晋级培训及后进培训的完整架构。如前所述，当前澳门公务人员培训的主要缺失和问题在于以晋级培训为主而忽略对领导主管梯队建设以及绩效评价不大满意的公务人员的培训。由此，未来澳门公务人员培训制度的主要改革方向之一，就是不断丰富公务人员培训的体系，促进培训体系的系统化和全面化。可喜的是，因应社会发展变化和需要，近年来，特区政府充分意识到回归以来在领导主管接班人建设中的不足，决定以设立领导及主管人员的储备库，检讨优化公务人员评核机制为基础，让有潜质的人员接受适当培训，以及在不同机构流动，提升这些未来担任领导主管人员的能力和累积经验。[1] 在这个基础上，特区政府还要加强对绩效评核为不大满意的公务人员的培训，从而建立起一套对全体公务人员的全覆盖的、系统化的培训制度安排。

10.3.2 加强公务人员培训的针对性

一般而言，针对性培训在于强调依据公务人员的不同情况，确定不同的培训目标、内容和模式，对公务人员进行有针对性的

---

① 《公务员晋升机制将完善》，《新华澳报》2017 年 11 月 23 日，第 P01 版。

培训。针对性培训对公务人员培训有着十分重要的意义。"要切实提高受训练者的知识和能力，培训内容的针对性显然十分重要，否则，不仅意味着有限资源的浪费，而且会因为供需脱节而影响培训对公务人员的吸引力。"[①]

为实现公务人员的针对性培训，首先要改革以级别、职程为分类标准的分类培训，进行以岗位、职位为分类标准的分类培训。如上所述，单独以级别或职程为标准进行分类培训，并无法真正实现针对性培训的目的。这是因为，不同职位有不同的工作需要及要求，即便是同一个级别或职程，由于工作性质不同，会有不同的培训需求。例如，高级技术员中就有诸如人事管理、财务管理等不同的工作内容。因此，要实现针对性培训，单独地依靠级别来进行分类培训是远远不够的，还要建立一套以职位为分类标准的分类培训体系。

其次，针对性培训的实现依托于培训需求分析。"培训需求分析为整个培训活动的顺利开展奠定基础，是培训工作的首要环节，通过分析公务人员现实绩效和目标绩效之间的差距、公共管理的问题，明确问题产生的原因，确认培训需求，找出通过培训解决问题的途径，锁定培训目标，寻找实现培训目标最适宜的培训方式和手段，最大限度地提高培训的有效性。"[②] 除了缺乏以职位为分类标准的分类培训之外，澳门公务人员培训针对性不强的原因主要在于忽视公务员的培训需求分析。

因此，未来澳门公务人员培训中，要集中精力补齐"培训需求分析"这块短板，切实做好组织分析、任务分析和人员分析，

---

① 周志忍：《公务员培训的中外比较——一些宏观层面的思考》，《北京行政学院学报》2005 年第 3 期，第 3 页。

② 王明基：《公务员培训需求分析方略》，《天津行政学院学报》2005 年第 3 期，第 40 页。

寻求组织战略、工作任务和人员现状、学习动机等三个方面的适当结合点，在培训内容上体现个体需求、组织需求与国家战略需求的统一，全面提升培训内容的可行性与针对性，确保培训满足工作需要和个人需求。具体而言，应该"针对公务人员培训需求的差异化与个体化，区分组织需要和公务人员个体需要，建立以用为本的培训使用结合机制，探索公务人员个体需求分析调研制度，结合公务人员职业生涯发展的不同阶段，根据胜任能力及其岗位需求确定培训内容，使其能够同时满足公务人员个体发展和政府绩效提升的需求"。①

最后，夯实评估考核机制，注重培训效果的评估。当前特区政府有意引入"能力导向"的模式，计划未来分规划、协作、绩效三个主轴，制订公务人员的十二个能力要素，为不同职级的公务人员重新设计相关培训课程。配合公务人员培训将可能引入的这一改革思路，特区政府在培训效果评估方面需要特别重视参训学员的真实评价与回馈，测量培训对提升公务人员的工作能力和业务水平的有效程度，同时也测量培训知识在实际工作中的运用情况及对政府和各部门工作带来的影响。评估测量结果的好坏优劣，是培训课程和培训内容调整的主要指标和依据，依据评估测量结果来检视和调整培训课程，也是强化培训针对性的重要举措。在这方面，澳门应该多向香港学习。香港公务人员培训的一个宝贵经验就是依据个体差异和工作需求设定具体的培训目标和课程。香港公务人员培训的重点和主要目标是提高公务人员解决具体问题的能力。②

---

① 韩银兰：《关于公务员培训改革创新的思考》，《继续教育》2015年第7期，第52~53页。

② 刘玉东：《香港公务员培训的经验与启示》，《群众》2015年第11期，第79~80页。

10.3.3 激发公务人员参与培训的积极性

提高公务人员培训的成效，不但要有约束公务人员培训的机制，更要有激励公务人员培训的机制。当前澳门公务人员参与培训的积极性不高，是澳门公务人员培训发展的主要瓶颈之一。未来需要加大建设公务人员培训的激励机制，强化培训结果的一体化应用，谋求培训和工作表现评核、个人职业发展、薪酬福利等机制的有机结合，增强公务人员培训和学习的必要性和积极性。

首先是公务人员培训和工作表现评核制度的有机结合。根据第 31/2004 号行政法规《公共行政工作人员的工作表现评核一般制度》的规定，澳门公务人员工作表现的评估项目共有 15 个，其中 7 个是强制性的评核项目，即工作成效、责任感、不断改善工作、适应性和灵活性、工作上的人际关系、工作岗位的勤谨态度、工作时间的管理；8 个评核项目是按职务性质而决定是否采用的，即主动性和自主能力、革新及创造力、资源管理、团队工作、与公众的关系、团队的管理与领导、协商及决策、工作上的使命感。可见，培训并没有与澳门公务人员的工作表现评核直接相关。未来的改革路向应该将公务人员参加培训课程的数量和质量作为公务人员工作表现评核的重要指标，以此来激励公务人员参加培训的积极性。

其次是公务人员培训和个人职业发展的有机结合。一般来讲，澳门公务人员的职业发展有三种途径，一种是职程内的晋升（晋阶和晋级），一种是跨职程向上流动，一种是委任为领导主管。从当前澳门公务人员的制度安排看，培训与个人职业发展相互结合的是职程内的晋升即晋级，跨职程向上流动和委任为领导主管的两种个人职业发展途径和培训基本上没有关系。由此，未来在检讨晋级培训既有安排合理性的同时，应积极探讨跨职程向上流动和委任为领导主管与培训的关联，增强培训的吸引力和诱因。

最后是公务人员培训和薪酬福利的有机结合。澳门当前的薪酬制度基本上是依据所处职程的职级和职阶来厘定，而且形成了2~3年的晋阶调薪、晋级调薪机制，与公务人员的工作表现评核、培训情况、能力等没有关系；此外，澳门公务人员的福利制度是均等化的福利安排，根据相关法律的规定，澳门公务人员享有同一化、无差别的家庭津贴、房屋津贴、年资津贴、年假待遇等各种福利，与公务人员的培训情况更是没有关联。为增强公务人员培训的积极性，可探讨一套奖励公务人员培训的机制，对积极参加公务人员培训又取得良好成效的可适当增加薪酬或福利方面的奖励。

10.4　本章小结

回归以来澳门特区政府高度重视公务人员的培训，取得了一系列的成绩，形成了澳门公务人员的独有特性。与此同时，澳门公务人员培训制度依然存在着针对性不强等各种问题和缺陷，需要认真检讨并加以完善。究其原因，公务人员培训是内嵌于既定的公务人员制度的制度安排，完善公务人员培训制度，首先需要增强培训制度和诸如评估制度、晋升制度等各项公务人员制度的关联，打通各个人事管理环节之间的互通互联，而不是让各个管理环节各自作战，由此激发公务人员的士气，增强公务人员培训的积极性。在这个基础上，未来澳门公务人员培训制度的改革重点还要着力推动制度的系统化和精细化，加强培训的针对性，实现公务人员培训对个人发展和组织发展的双向促进功能。

第11章　福利制度改革

福利制度是整个公职制度中重要的一环，与社会整体利益及政府财政密切相关。除了薪酬制度之外，福利制度是公务员激励机制的重要组成部分。回归以来，特区政府一直关注公务人员的福利津贴及生活水平，并按照公职制度的改革方向，综合考虑社会整体利益，逐步完善公职福利及津贴，结合各项惠民措施，帮助公务人员舒缓各种民生问题，借此留住优秀的公务人员，提高公务人员的士气。

11.1　福利制度的发展历程

澳门基本法第98条规定，回归后，公务员的薪金、津贴、福利待遇不低于原来标准。回归后，澳门公务人员制度的发展表明，公务员福利不但不低于原来标准，并且随着经济社会的发展一直不断在持续提升，显示了特区政府对公务人员的重视和关心。

11.1.1　澳门公务员的主要福利

一般来说，公务员福利制度是指国家和公务员所在机构为满足公务员生活方面的需要，在工资之外给予公务员工作和生活上的各种报酬的总称。从公务员职业的吸引力来分析公务员这一职业的话，公务员工作的吸引力最重要的源泉是公务员职业的稳定性和福利制度的可靠性。为了吸引优秀人才进入国家公务员队伍，并且使他们能够安心工作，为国家和人民服务，世界各国都非常重视公务员的福利问题，同时将公务员福利制度作为国家公务员制度的一个重要组成部分。[①]

《澳门公职法律制度》规定的公务员所能享受的一系列福利项目，主要包括假期津贴、圣诞津贴、家庭津贴、房屋津贴、年资奖金、结婚津贴、出生津贴、日津贴、启程津贴、死亡津贴及丧葬津贴等。

首先是假期津贴和圣诞津贴。澳门特区政府在每年的6月份会给公务人员发假期津贴，金额相当于一个月的薪水。在每年的11月份会为公务人员发放圣诞津贴，金额也是相当于一个月的薪水。由此，澳门公务人员的年收入薪酬是14个月的薪水，即12个月的月收入加上假期津贴和圣诞津贴的福利。

其次是家庭津贴、房屋津贴、年资奖金等三种固定的福利津贴。根据第2/2011号法律《年资奖金、房屋津贴及家庭津贴制度》的规定，家庭津贴是指"在职、离职待退休及已退休的公务人员如负担配偶、卑亲属、尊亲属，又或根据本法律或适用于公共行政工作人员的一般法的规定其等同者的生活，有权因与他们每一人的关系每月收取相关的家庭津贴。"例如，如果一个公务人员家里有父母和两个未成年的小孩，则可以收取4份家庭津贴；房屋津贴是指"在职、离职待退休及已退休的公务人员，包括已退休的司法官，均有权按本法律的规定每月收取房屋津贴"；年资奖金是指"实际在职或处于赋予收取薪俸权利的法定状况的属退休及抚恤制度供款人的工作人员，服务每满五年，有权收取一

---

① 王旭源、张志虎、谢伟：《浅谈我国公务员福利制度现状问题及其对策》，《神州》2012年第18期，第182~184页。

份年资奖金"。

最后是结婚津贴及出生津贴、日津贴及启程津贴、死亡津贴、丧葬津贴等福利。依据公职法律的规定，澳门公务人员结婚、生小孩、死亡、丧葬，都可以获得相应的津贴。公务人员出差，也可以依据法律的规定享受启程津贴和日津贴的福利。

此外，澳门公务人员还享受不同于一般居民的医疗福利，并享受澳门行政公职局提供的各种公职福利。澳门公务人员可以享受公立医院的完全费用服务，包括门诊和住院的免费医疗服务，而每个月要交的医疗费很少，而且一旦其家属享有家庭津贴，就可依托家庭津贴的享受来享受同公务人员相应的免费医疗的福利。与此同时，澳门行政公职局的公务人员关系厅辖下的公职福利处，有提供包括公务人员经济补助措施、心里舒缓服务、旅行参观、讲座工作坊、体育文化活动等各式各样、丰富多彩的公职福利措施和活动。

11.1.2　澳门公务员福利的持续改善

回归以来，澳门特区政府为推动人性化管理，宣扬关怀，为公务人员提供了更佳的工作条件，其中包括全面检讨及修订公务人员的津贴及福利制度。特区政府非常重视公务人员团队的意见，让公务人员在良好和谐的氛围下，全情投入工作，安心发展事业，特区政府持续地检讨及完善公务人员的福利待遇。

首先，统一不同任用制度的公务人员的福利。2007 年以来，特区政府一直重视公职人员的福利津贴问题，逐步落实一系列有关公务人员福利和公职法律制度；就相关问题先后修改及制定多个法规；2007 年开始实施的《公务人员公积金制度》，使离职保障涵盖至个人劳动合同和散位人员；2008 年，特区政府以行政命令修改《公职补充福利制度受益人通则》，将有关福利延伸至个人劳动合同人员及其家属。正如陈丽敏司长所指出的，一系列修订法律及相关工作，都旨在促使所有公务人员，包括合同人员的福利逐渐趋向统一化。①

其次，不断提升各种福利水平。2010年，经多方咨询后，政府决定调整公务人员的福利，包括家庭、房屋津贴等。澳门回归后经济快速发展，不少公务员反映现时福利水平偏低，追不上通货膨胀。以房屋津贴为例，2010年仍维持20年前每月1000元的水平。为此，特区政府2011年实施新的《年资奖金、房屋津贴及家庭津贴制度》，调整有关津贴的金额并简化相关的行政手续。此外，特区政府还改善及增设了多项专业人员的津贴，如潜水员危险津贴、拆除爆炸品津贴、保护要人与重要设施津贴等，从多方面完善公务人员的福利津贴。特区政府还不断承诺，"将持续完善公务人员的福利制度，逐步对结婚津贴、出生津贴及殓葬津贴等制度进行检讨，以纾缓公务人员的生活压力，并为其提供良好的工作条件，使之更好地为市民服务"。②

11.2 福利制度的特点

11.2.1 稳定丰厚

当前，澳门公务人员的年资奖金和房屋津贴均为10个薪俸点的水平，房屋津贴为40个薪俸点的水平。如果对一个薪俸点为150点的基层人员来说，假如其有4份家庭津贴，加上房屋津贴后的福利津贴为80点，占到其独一薪俸的一半以上，不得不说这

---

① 《政府按施政计划逐步完善公务人员福利和法律制度》，澳门新闻局网络，2008年10月1日。
② 《朱伟干称为能使更好地服务市民会持续完善公务员福利》，《华侨报》2013年1月9日，第14版。

确实是一份较为稳定丰厚的福利收入。

事实上，比起企业福利，公务员职业最大的好处就是稳定和福利丰厚，即使薪酬水平低于市场同类水平，但有些居民也会基于福利的考虑来进入公务员团队，比如公务司机。"澳门的公务员福利制度以法律形式存在，由于修改法律需经一定程序和时间，所以其稳定性相对较大，从而令公务员的福利保障亦较大，这样会起到公务员安心工作的作用，亦令到一般的公务员的福利待遇亦相对较好，这确实有助于吸引社会的人才加入政府工作。"[1]

11.2.2　均等化福利

香港公务员的福利制度大都是按职级和服务年资的不同而有所差别，一般是职级越高、服务年资越长，所获得的福利待遇便越多。澳门公务人员很多福利待遇是相同的，如有薪假、病假、房屋福利及超时工作补偿等福利项目，没有高低之分，即每位有资格享受这些福利项目的公务人员基本上都能取得相同的待遇，而不论其职位的高低及服务年资的长短，除以上的福利项目外，公务人员的年资奖金、子女津贴、家庭津贴、结婚津贴等亦是相等的，因此，澳门公务人员福利制度可以说是较倾向于"均等"。这是澳门公务人员福利制度的显著特点。这确实有助于吸引社会的人才加入政府工作。

11.2.3　照顾基层

最近几年，特区政府更为重视基层人员的福利。崔世安行政

---

[1]　参见司徒英豪《试论澳门公务员福利制度及其改革建议》，《澳门研究》2003 年第 19 期，第 89 页。

长官就公务人员福利的问题曾表示，"政府努力提升整个公务人员福利保障，对于基层和前线公务员薪酬，会在检讨和改进相关政策时放在优先位置"。① 为了落实行政长官的指示，行政公职局则推出一系列的舒困措施来帮助基层的公务员，如提供"生活补助"给予有经济困难的公务员、为公职司机提供"车辆维修费用补助"以及向申请"平安通"的公务人员提供一次性补贴。事实上，对基层人员福利的倾斜和重视，和薪酬制度的"分系调薪"的基本制度精神是一致的，本质上都是为了让基层公务员能得到更多、更大的收益。

基层公务人员的福利受到政府的重视，与澳门相关社团的努力密不可分。澳门社团对特区政府的决策影响力也体现在立法会选举的直接选举中，例如 2005 年参选的"澳门新力量"的主要关注点是"延长免费教育、弱势群体福利、公务员福利、妇女权益保护和青年人发展空间等比较具体的民生问题"。② 当中，公务人员的福利就是其关注的关键议题之一。

11.3 福利制度存在的问题

11.3.1 激励性不够

由于其内容较倾向均等性，公务人员不会因被晋升而同时获得较多的福利待遇，特区政府职位较低的公务人员与职位较高的公务人员，以及年资较长的公务人员与年资较短的公务人员，他们所能享受到的福利待遇基本上没有差别，这可能不利于促进公

---

① 《政府努力提升公务员福利保障》，《大众报》2015 年 3 月 25 日，第 P01 版。
② 姚秀兰、肖礼山：《澳门社团参与立法会选举之实证分析》，《新华澳报》2013 年 9 月 12 日，第 P03 版。

务人员向上发展的积极性。

11.3.2　社会不满

2011 年《年资奖金、房屋津贴及家庭津贴制度》对公务人员的年资奖金、房屋津贴及家庭津贴制度的调升幅度较高，引起了澳门社会对政府大幅调高公务员福利待遇的不同意见。有社会声音质疑：政府大幅调升公务员福利的理据和原因，是否造成社会另类贫富悬殊加大问题等。①

11.3.3　调整机制缺乏科学性

2011 年《年资奖金、房屋津贴及家庭津贴制度》中将公务人员的年资奖金由澳门币 190 元增加到 500 元，加幅约 163%；房屋津贴由澳门币 1000 元增加到 1500 元，加幅为 50%；家庭津贴中，供养配偶及尊亲属的津贴每人由澳门币 170 元增加到 400 元，加幅为 135%；抚养卑亲属津贴每人由澳门币 220 元增加到 400 元，加幅约 82%。由于福利增长幅度过大，包括立法会议员在内的社会声音认为这样的调升幅度值得商榷。

社会并不是反对公务人员福利的增加，社会反对的是这种调整机制缺乏合理的理据。特区政府在调升公务人员福利的"理由陈述"中，只是简单地说道"以完善公务人员的福利待遇及简化相关的行政手续"，远远缺乏合理科学的数据论证，调整的幅度具有一定的随意性和主观性，这对公共财政的使用方面是不负责任、不科学和不可取的。

---

① 《拟大幅提升公务员福利政府对市民需有个说法》，《华侨报》2010 年 10 月 27日，第 14 版。

11.4　福利制度的改革方向

11.4.1　更有激励性

为了使福利制度能进一步发挥激励员工的作用，特区政府可考虑将均等给予福利的方式改为按等级分配，即按职级的高低和服务年资的长短而给予不同的福利待遇，职级越高、服务年资越长，应享有的福利便越多，这样，相信可有助于激励公务人员的进取心，使他们不断提升自我，而且亦可增加公务人员的归属感。

11.4.3　科学调整

由于澳门公务人员的福利制度以法律形式存在，其修改缺乏灵活性，随着社会不断进步，有些规定可能已不能适应时代的发展，滞后或不符合社会的现实环境。针对上述情况，特区政府可考虑成立一个专责的工作小组，负责留意本地社会的发展对公务人员福利制度的影响，收集其他国家或地区关于公务人员福利制度的最新发展资料等，以对澳门公务人员福利制度作出定期的检讨。因应社会的现实环境，定期向特区政府提出有关的完善建议，以使澳门公务人员的福利制度可配合社会的发展。[1]

11.5　本章小结

福利制度作为公务人员制度的重要组成部分，贯彻实施这一制度涉及所有公务人员的切身利益，澳门特区政府十分重视及关

---

[1]　新生：《港澳公务员福利制度分析》，《讯报》2013 年 10 月 11 日，第 P06 版。

注公务人员提出的要求，由此造成了福利不断上升的趋势。实践表明，调升公务人员福利是应对公务人员士气低落、促进公务人员工作积极性的有效方法。同时，政府需要建立更为科学合理和公平公正的薪酬制度和福利制度，在不断提升公务人员福利水平的同时，能得到广大普通市民的接受和认同。

第 12 章 流动制度改革

公务人员尤其是官员的横向流动是公务员制度中重要一环,有利于培养政治人才及推进公务员向上流动。一般来说,公务人员流动既可以包括政府内部公务员的流动,又可以包括政府与社会其他部门之间的流动;既可以包括公务人员的纵向流动(向上流动、向下流动),又可以包括公务人员的横向流动。本章讨论的澳门公务人员流动,主要是讨论澳门公务人员在政府内部的横向流动。

12.1 流动制度的主要形式

依据澳门公职法律的规定,澳门公务人员由原工作部门调往新工作部门的调动方式和流动方式可以是长期性(永久性)或短暂性的,适用条件和调动时限各不相同,主要有三种调动方式:调任、派驻和征用。

12.1.1 调任

《澳门公共行政工作人员通则》第 32 条规定,调任是指应公务人员申请,又或由行政当局在适当说明理由之情况下,经听取公务人员之意见后,主动将公务人员转往其原属编制以外之另一编制。

调任的先决条件是调往新工作部门之人员编制存在有关空

缺，否则不能做出调任安排。公务人员调任的新职位一般是相同的职程及职级，也可以是不同职程，但薪俸、职务性质及资格要件必须相同或相似。

调任须事先取得原部门之意见和许可。在现行条件下，许可是指被调任公务人员的调任，须经原部门的监督实体司级官员批准，并须事先取得原部门的意见。

公务人员一经调任，便不再占用原部门之人员编制，而更新为占用新部门之人员编制，所以调任属于一种长期性调动方式，甚至是永久性调动方式。

12.1.2　派驻

派驻指的是，公务人员在其原属部门或机构之外部门或机构暂时担任与本身职程及职级相同之职务。

派驻属临时性调动方式，派驻期不得超过一年，而且不能延长。经公务人员要求或原部门和新部门协议，必须随时终止派驻方式，公务人员可返回原职位。

派驻的特征表现在四个方面。首先，派驻不占用其派驻部门之人员编制内职位。其次，派驻人员的薪俸由原部门支付。当中，派驻在新部门获得的法定补充性报酬，派驻人员是可以收取的。再次，派驻人员维持与原部门的联系，处于派驻状况时所提供的服务时间计算入原部门的服务时间内，而且，公务人员在原部门的职位不可以以任何方式被填补。最后，在一定条件下，派驻方式可转为征用方式。

12.1.3　征用

征用是指公务人员在其原属实体或部门之外之实体或暂时担任职级与原职级相同或高一级职务。征用的调动方式，唯一可以比其原职级高一级职位被调往其他部门任职，而且不取决于征用部门人员编制空缺，只须在原部门工作至少满一年，工作评核为"良"或"优"。

根据相关规定，公务人员的征用期不能超过一年，可以续期，但最长不超过三年；而征用终止与派驻终止的条件一样，透过公务人员要求或经原部门和新部门协议，得随时终止征用。

征用的特征主要表现在：第一，公务人员不占用征用部门人员编制内职位；第二，人员的薪俸由征用部门支付，但公务员可选择收取原职位薪俸；第三，在征用期间，公务人员继续保持原职位据位人身份，以征用方式提供服务之时间，计入原职位之服务时间内；第四，在征用期间，公务人员在原部门的职位可以以署任方式由他人出任，但若特别法规定原职位于出缺时取消，则不在此限；第五，由于征用期限最长为三年，被征用之公务人员以相同职级任职新部门时，如公务人员在原部门原编制升级时，则该征用也自动转至新职级。

12.2　流动制度存在的问题

公务人员流动是公职制度的一个主要环节，广义的公务人员流动涵盖政府内部人员的交流、政府内部人员的向上流动等方面。事实上，澳门特区政府的公职法律制度改革中，不少改革内容的目的在于促进公务人员合理流动。比如，招聘制度中关于"中央招聘"制的设想，是人口流动的一部分；职程制度的改革设想之一就是使公务人员能够从较低职程晋升至较高职程；在修订《领导与主管人员通则》的改革中，扩大终止定期委任的原因、消除长期代任的情况以及"过冷河"等制度，也是为了将公务人员的流动机制合理化。然而，就整体而言，澳门公务人员的流动情况并不乐观，一般公务人员及官员之间的横向流动都较少，流动率都较低。

12.2.1　一般人员流动少

从人力资源管理的角度来看，一名工作人员长时间在同一个岗位工作，很容易因循守旧，缺乏创意和冲劲，不利于公务人员的职业生涯发展。公务人员流动、轮岗交流是公务人员管理中一项具有重要意义的机制。所谓"流水不腐、户枢不蠹"，合理的公务人员横向流动，不仅可以不断促进公务人员的成长和能力的提升，还可以激发公务人员的创新意识和工作积极性，也有利于廉洁政府的实现。"公务员轮岗交流是根据形势变化对公务员的新要求而采取的重大举措，也是提高公务员综合素养，多方位、全面锻炼公务员的重要途径，可以不断推进公务员制度的改革，保持公务员队伍的活力，激发公务员的创新意识，发挥公务员在各项工作中的带头作用和积极性，防止腐败。"[①]

澳门一般公共行政工作人员的横向流动较少，多数公务人员长期在某一公职职位，不愿意流动，也找不到合适的机会和机制进行流动。有议员在 2017 年底提到，"澳门 30，000 多名非领导公务员中，过去数年在横向调动方面，平均约有 474人"。[②] 在其语境中，非领导公务员，其实就是一般公共行政工作人员，也就是指澳门的公务人员。由此，澳门公务人员的横向流动率只有 1.5％左右，反映出澳门公务人员的流动率非常低，基本上多数的公务人员都是长期在一个岗位上任职，甚至是终身在

[①]　楚国良：《我国公务员流动的现状及对策研究》，《领导科学》2012 年第 18 期，第 51～52 页。

[②]　《特首倡领导官员横向流动破僵化程序"执位"》，《力报》2017 年 11 月 16 日，第 A01 版。

一个岗位上任职。

12.2.2 领导官员流动少

与公务人员流动率低相似的情况是，澳门领导官员的流动也很少。在澳门，不少局级领导长期任职某一局级领导的职位，引发社会不少的质疑和批评。这是因为，如果管理层人员长期在一个岗位上，更可能在部门内各自形成部门主义，容易出现部门各自为政、横向沟通不足等问题，对整个组织的健康发展非常不利。对此，行政长官崔世安曾经指出，"领导在同一职位太长时间，会容易产生程序僵化、审批程序缓慢或成为常规化、改革触觉和决心不大等弊端，而在领导横向流动的实践过程中，总可能会有领导的新思维，令效率提高"。①

值得留意的是，官员的横向流动少，说明官员更替主要由原有的人员成长代替而不是空降官员来完成。当然，空降官员的模式有利有弊，一方面它是一种能迅速见效的方式，是促进部门发展的客观需要，是干部人才培养的长远需求，也是促进官员交流、预防集体腐败的有利选择。但另一方面，外来官员、空降干部也有水土不服的问题，也可能危及本部门原来的公平公正感。但对于个人人才成长和政府整体的领导梯队建设而言，官员横向流动无疑是有帮助的，值得提倡。从澳门的实际情况看，未来应该更为鼓励官员的横向流动，促进特区政府的领导梯队建设。

12.3 流动率低的制度原因

澳门公务人员流动率低的原因并非是薪酬制度上的原因。作

---

① 《改革意识制度 建公仆新服务文化》，《市民日报》2017 年 11 月 16 日，第 P04 版。

为一个"微型城市",澳门公务人员的待遇并不存在地区间差异的问题,澳门各部门之间的薪酬差异很少,薪酬体系并不是影响澳门公务人员流动较少的原因。当然,澳门各职能部门存在部门性质的差异,有个别"自治机构"性质的公共部门人员流动到"一般性质"的公共部门,会面临公积金无法携带到新部门的问题,但这个毕竟是少数部门存在的问题,在整体上不构成制约公务人员流动的主要障碍。

澳门公务人员流动率低的原因有公务人员追求稳定、抗拒流动等,但更多的是公职制度的原因。一方面,澳门公务人员追求工作稳定,拒绝竞争,不喜欢太多的工作压力,而流动意味着将带来更多的挑战和不确定性,因此,不少公务人员更喜欢在原来的岗位上稳妥地发展,不愿意重新选择一个新的工作岗位,即便是新的工作岗位的预期发展前景更为诱人。另一方面,澳门公务人员制度是重视"专才"的管理体制,缺乏激励公务人员流动的诱因,一般要从最低职级的最低职阶开始做起。这是公务人员流动率低的深层的制度原因。

12.3.1　政府官员的"专才化"管理体制

高级官员的横向流动本质上是一个定期的轮调机制,是公务员制度中一个普适经验。一直以来,澳门特区政府都重视官员的横向流动。早在2003年政府施政报告中,特区政府就提到,公务员横向流动考虑了很长时间,但不是一朝一夕可以做到,希望能够在不同时间、不同层次上创造一些条件,来增强公务员特别是主管人员的横向流动。

然而在澳门以"专才"为主担任领导主管的体制下,官员要实现横向流动会有一定难度。澳门的领导主管和一般公共行政人员,不是截然分开的政务官和事务官的"两官分治",一般公共行政人员是领导主管产生的源头和依归，也就是说，领导主管的人才选拔主要源自一般公共行政工作人员，领导主管终止定期委任后多数还是回到一般公共行政人员的岗位。和香港等地的"通才化"公务员管理体制相比较，澳门公务人员管理实行的是"专才化"的官员队伍管理。澳门的领导和主管人员，并非专门从事管理的队伍，而是由高级技术员等出身的专才型的人员所组成的管理团队。这使得澳门领导主管和一般公共行政工作人员的关系不是相互分开的关系，而是类似"旋转门"的就业场域的关系。这种机制有利于形成领导主管的"能上能下"，也有利于促进领导主管和一般公共行政人员之间的流动。

"专才化"的公务员管理体制，对于领导主管的横向流动来讲却是一种阻碍，在某种程度上制约了官员的横向流动。这种机制使领导主管受制于自身的专业背景，难以流动到其他领导主管岗位，一旦定期委任的期限到了，领导主管更多的是面临两种选择，一是继续定期委任，二是回到原来的一般公共行政人员的职位。在澳门公共行政的实践中，更多的是定期委任的继续，从而出现了不少领导主管岗位上有某个人员长期占据的局面，最终导致了公务人员流动机制整体受阻。总而言之，澳门领导主管横向流动的缺乏，制度上的原因是澳门领导主管更多看重的是领导主管的专业能力。

12.3.2　职程制度没有打通

澳门的职程制度是澳门公务人员的职业发展制度，一般来说，高级技术员职程、技术员职程等不同的职程对每个公务人员的职业发展订定了一个制度框架，包含公务人员的晋升、评核、培训等人员发展环节。

澳门职程制度对公务人员流动形成了障碍。一方面，公务人员职程制度中一般是职程内的向上流动，跨职程的向上流动较为困难，即使是公务人员通过竞争性考试进入高的职程，但要从高职程的最低职等的最低职阶开始，从而降低了跨职程向上流动的积极性。另一方面，职程制度中存在许多"特别职程"，特别职程和一般职程之间很难进行流动。所谓特别职程，源于 20 世纪 80 年代末澳葡政府为若干专业技能工种度身订造各自的职程制度，有本身相对特殊的聘用、晋升要求和待遇条件，以吸引及留用相关的专业人员。长期以来，多个特别职程没有调整，已难以回应专业的发展，影响人员流动。

12.3.3　缺乏流动的激励机制

西方国家公务人员流动的成功经验表明，公务人员流动要顺畅运转起来，需要有一套合理的激励机制。事实上，正是西方国家在选拔官员时将轮岗交换作为官员选拔的必要条件，才能刺激其公务人员不断交流和流动。反观澳门的官员委任制度，并没有将公务人员的轮岗交流作为官员委任的一个标准和条件，这就必定使得公务人员流动的积极性大大减少。此外，公务人员的考核、薪酬、奖励等机制中，也看不到公务人员流动所带来的好处，在这种情况下，公务人员"一动不如一静"，"做生不如做熟"，与其冒很大的风险去开始一个新的岗位，不如守着既有的职位，还更加轻松，也不用付出努力去适应新的工位岗位。

此外，值得一提的是，澳门公职法律制度中有关公务人员流动的规定主要适用于有编制的公务员。当前澳门多数公务人员是行政合同人员，一旦流动起来，没有相应的工作编制，等于开始一份新工作。也就是说，如果新工作做得不好，他们就没有原有的职位可以回去，从而进一步削弱了公务人员愿意流动的积极性。

12.4　流动制度的改革方向

在 2016 年澳门行政法务范畴的施政方针答问中，有议员问道，"特区政府缺乏公务员横向流动机制，公务员长期同一岗位，容易出现不作为、山头主义等问题，政府有否设公务员横向流动机制的取态"。[①] 对此，特区政府没有官员做出回应，可见特区政府对于流动制度如何改革仍然缺乏整体的制度设计和改革构想。

西方各国对公务人员流动管理机制的完善主要表现在考核、培训和绩效三个方面的完善。"考核是基础，培训是途径，绩效是目的"。[②] 由此，为让公务人员自由流动，特区政府要学习和借鉴西方国家的宝贵经验，健全公务人员流动管理的法律法规，建立和完善公务人员流动的评价机制，形成公务人员流动的有效激励机制，加强横向的人员流动，从而做到合理使用人力资源，使整个公务人员流动走向科学、合理和规范。

12.4.1　健全公务人员流动管理的法律法规

澳门公职法律虽然有关于公务人员流动的法律规定，但这些内容过于零散，缺乏系统性，很难对公务人员的流动形成好的规范和导向作用。因此，完善澳门公务人员流动机制的首要环节在于健全公务人员流动管理的法律法规。一方面，需要尽快出台有关公务人员流动的专门的单项法规和配套法规，为公务人员的流动管理提供切实可行的依据。在这方面，可以参考英国的《退休金法》、日本的《一般职员报酬法》和《公务员录用体检通用标

---

① 《行政法务范畴施政方针答问撮要》，《市民日报》2016 年 11 月 23 日，第 P03 版。
② 梁丽芝、罗小玲：《西方公务员流动管理实践对中国公务员流动管理的启示》，《中国行政管理》2008 年第 1 期，第 63～67 页。

准》。另一方面，是要形成一个系统的流动管理的法规体系，使各单项法规相互联系、相互影响，促使公务人员流动管理各方面都相互呼应、相互促进。

12.4.2　建立和完善公务人员流动的评价机制

人力资源的考核制度是公务人员奖惩、升降、工资增减、培训和辞退的依据，在公共人力资源管理中占有十分重要的位置。绩效考核不仅是人员晋升的重要依据，也是人员流动的重要指标。因此，要加强工作表现评核结果在人员流动中的应用，增强人员绩效评核和人员流动之间的关系。要采用科学、全方位的考核方法，尽量避免人为主观因素的介入，正确地评价公务人员的能力和业绩，增强人员和组织需要、职位需要的契合性。

各种理论都表明人员之所以会进行流动，主要是人员能力和职位要求的不一致和不相称。例如，勒温的场论就认为，如果一个人处于不良的环境中，如专业不对口、人际关系恶劣等，就很难取得良好的工作绩效，从而出现了个人对工作环境的不适应，因此需要流动到更为适宜的环境中来发挥个人的才能。奥德佛的ERG 理论也认为，如果人们的需要在一个环境中一直得不到满足，就会追求一种可以得到满足的环境，从而产生了人才流动。有研究也讨论过组织的需要来促成人才流动的动因。然而，人员能力和职位要求的一致性，相当程度上只能通过科学的考核和测量来发现。由此，科学的人员考评机制对于人员合理流动的重要性就可见一斑了。

12.4.3　建立和完善公务人员流动的激励机制

为适应新形势、新任务和新要求，必须进一步健全和完善公务人员的流动机制，主要包括完善公务人员流动的市场机制、协调机制、激励机制和约束机制。当中，公务人员流动激励机制的建立和完善，是强化和促进公务人员良性流动的重要机制。所谓公务人员流动激励机制，是指政府通过有效激励整合各流动要素，使公务人员在流动过程中采取有利于行政组织需要的流动行为的方式方法体系。[①] 激励机制是吸引人才、留住人才和调动工作积极性的重要机制，包含一系列的外部激励和内部激励机制，也包括物质激励和精神激励机制。

换言之，有效的流动机制需要有明确的激励目标为导向，要进行激励资源、激励环境和公务人员个体需求的分析，最终才能有效刺激公务人员流动的需求，实现个人发展和组织发展双赢的局面。

12.5 本章小结

合理的公务人员流动特别是高级官员的合理流动，有助于激发和保持公务人员的创造力，也有利于维持政府的廉洁高效。要真正解决公务人员流动性的问题，既要防止出现官员长期占据一个官位，也要防止出现流动的随意性，关键是要突破"专才"限制的观念，推动"通用"管理出人才在各部门的横向流动，消除当前部门间差异对人才流动的既有障碍，促进公务人员流动法制化、公平化和透明化。另外，需要不断建立和完善公务人员流动的评价机制和激励机制，形成流动机制和评核机制、培训机制、晋升机制的紧密结合，确保公务人员的科学流动，达成公务人员流动对于个人和组织的双赢。

---

① 梁丽芝：《我国公务员流动激励机制的构建与运行分析》，《湘潭大学学报》（哲学社会科学版）2008 年 11 月，第 2～27 页。

第 13 章　结论

　　国际公务员制度改革的经验表明，多数国家和地区公务员制度改革的基本动因在于实现从权利文化到绩效文化、责任文化的转型。所谓权利文化就是公务员的一种感知，就是一旦受政府雇用了，他们就被赋予永久性的工作，工资和职权的逐步增加，丰厚的津贴和退休待遇。权利文化一般有几个支撑性的制度，包括永业性、年资工资制以及收益确定型的退休金制度。一是永业性的工作。一般来说，公务员的工作非常稳定，除非有违法等行为否则不会失去公职，而且晋升基本上取决于服务时间而非工作表现和绩效竞争。二是年资工资。年资工资使得个人的薪酬和个人或团体绩效没有关系。三是收益确定型的退休金制度，即退休政策。通过计算服务时间来提供养老金。一些养老金可以通过一次性地给予，剩下的则通过一些每月的年金直到公务员去世。[①] 进一步加深了公务员的权利文化。

　　和多数国家和地区公务员制度改革的基本动因一样，澳门公务人员制度改革的主因，也是基于民众对绩效和效率的不满，从而试图塑造更为服务导向和绩效导向的政府管理模式。回归后澳门公务人员制度改革的根本出发点，就是要改革公务人员的权利文化，创造公务人员的责任文化，加强公务人员的责任感和绩

---

① James L. Perry & David G. Frederickson, "Hong Kong's Civil Service Reform: Lessons Learned from the American Experience," *Public Administration and Policy*, 1999, pp. 57 – 70.

效。为了克服公务员制度的低效、公务人员士气低落，特区政府一直寻求公务人员制度的改革，力求不断实现更为公平、公正、效率的公务员制度。回归祖国近 20 年以来，澳门特区政府在公共行政改革和公务人员制度改革方面孜孜以求，进行了各种有益的探讨，同时出台了评核制度、公积金制度等多项新的制度，并对职程制度以及领导主管人员通则等制度难题作了集中的攻坚，取得了一定的成绩。从回归后澳门特区政府推行的诸多公务人员制度改革的措施和制度来看，事实上包含了对权利性文化支撑的几个关键制度的变革，以行政任用合同制度为主流的任用模式的改革其实是对永业性制度的改革，公积金制度的改革更是直接摧毁权利性文化的制度支撑。由此，可以认为，回归后澳门公务人员制度的改革脉络和线索，也是致力于变革原有的权利文化而引入责任文化和绩效文化。

这种责任文化和绩效文化的引入和改革，必定对公务人员原有的权利文化和既有利益产生一定的冲击，从而使得公务人员制度的改革充满各种张力和争论，陷入顾此失彼的迷思。比如，统一各种任用合同制度的公务人员福利待遇的改革，确实有助于实现更为公平公正的公务人员制度，但使得各种合同人员的待遇向确定性委任看齐，使得澳门特区政府公务人员的规模更是难以精简；比如延长"职程顶点"时间的改革有利于增强职程激励性的同时，却带来了对晋升制度"厚下薄上"、"年资歧视"的批评；退休金制度向公积金制度的改革是顺应国际潮流和趋势的退休制度可持续发展的改革，但遭到一些非议，认为这个改革是削减公务人员福利。

本质上看，公务人员制度是牵涉公务人员的政治性、管理性和公共性于一体的制度，改革的过程会充满各种价值张力，很难从理论上解释哪些改革是正确的，哪些改革是错误的，而只能结合具体情境进行分析。从澳门特区的实际情况出发，澳门公务人员制度改革的特点从整体上主要体现在三个方面。

首先，澳门的公务人员制度改革总体上是一种增量式的改革，而不是一种存量式的改革。《澳门特别行政区基本法》第九十八条规定，澳门特别行政区成立时，原在澳门任职的公务人员，包括警务人员和司法辅助人员，均可留用，继续工作，其薪金、津贴、福利待遇不低于原来的标准。在此规定下，澳门公务人员制度改革特别重视改革中不能损害现有公务人员的权利，一切只能变得更好，不能变得更坏。于是，增加薪酬和福利改革，成为公务人员制度改革中最为突出的部分。偏重增量改革而回避存量改革的趋势，在一定程度上反映澳门公务人员改革对公务人员制度的深层次的矛盾没有根本的触动，比如领导主管的委任制度等没有进行根本的改革，使得公务人员制度整体上仍然无法很好调动公务员的积极性，公务人员制度的激励性仍然有待很大的开发和提升。

其次，澳门公务人员制度改革是较为渐进的、稳健的改革，但创新性略显不足。澳门公务人员制度改革基本上是改一些比较容易解决的问题，先易后难，比如回归后初期改革主要是强调提高公务人员的服务意识，革除原有的官僚文化，提倡以民为本的服务文化，然后才进入到对公务人员的评核、退休、晋升等制度的改革。这些改革策略是值得肯定的，确保公务人员改革整体上的改革较为稳定，也不会引发公务人员的不满，整体上能顺利推进。澳门公务人员制度改革出现稳健有余而创新不足，澳门公务人员更多的是安于现状、追求稳定，而竞争不足，没有太多的风险和创新意识。

最后，公务人员制度改革较为注重满足公务人员的诉求而忽略了对公务人员管理的科学性坚持。回归以来，澳门公务人员制度改革基本上是一种满足诉求的改革而相对忽略和淹没了公务人员管理科学层面的基本原则。不少社会声音认为公务人员改革停滞不前，公务人员整体士气不高，公务人员制度缺乏激励性和竞争性。在权利文化导向下，特区政府的公务人员改革在于依照诉求进行改革。比如公务人员社团所提出的撤销超时工作的时数上限、改房屋津贴为生活津贴等诉求，特区政府都一一进行了回应并满足其诉求，希望能借此消除公务人员的不满和怨气，提升公务人员士气。正是由于多数人不欢迎竞争，而管理科学上要求的奖优罚劣、汰弱留强的做法和改革受到了某些"人本"的抵制和反对，使得管理科学化方面的改革难以推进。

就以上澳门公务人员制度改革存在的三种特点而言，澳门公务人员制度的初始动机，即用绩效文化和责任文化来改革原有的权利文化的改革成效并不太显著，权利文化、福利文化、人本文化在政府管理中占据了上风，责任文化和绩效文化的引入则相对阙如。首先，从公务员职业的永业性来说，澳门公务人员的职业基本上是一种稳定的、永业性的职业。澳门公务人员中虽然有一般是合同制的雇员，却是不具期限的合同制，一般都要进行续聘，其工作的稳定性事实上和实位制没有多少区别。其次，澳门至今为止依然是年资工资，工资与个人绩效基本没有关系。虽然工作表现评核制度中引入了对"优秀"人员给予半个月薪水的奖励，但整体上工资是由不同职程的职级和职阶来决定的。换言之，澳门公务人员制度中并没有真正建构一套行之有效的责任制度和绩效制度，而是过多地看重公务人员的权利。这种局面或许能体现特区政府以人为本的管理文化及对公务人员权益的高度重视，同时也暴露出权利文化盛行而责任文化、绩效文化不足。

由此，从澳门公务人员制度改革的成效来看，公务人员制度的激励性仍有待加强，能力导向的改革也需要进一步系统化和整体化。对于澳门特区政府来说，公务人员制度改革仍然存在不少深层次的问题，依然任重道远，需要进一步加强公务人员制度的激励性，进一步以责任文化变革权利文化，提升个人、机构和政府的绩效，不断推动政府从权利文化到责任文化、绩效文化的转变。

首先，强化绩效文化和责任文化。一直以来，澳门社会是较为讲求人情的地方，这种地区文化的特征不可避免影响政府管理的行政文化。澳门公务人员的评核中，多数得分为满意和十分满意，事实上就是人情文化的反映。澳门主管荒的问题，一定程度上也是由于多数公务人员宁愿工作舒服一些，也不愿意多付出而得到多一些报酬和社会成就感。应该讲，澳门特区政府已有的这种人情文化、"埋堆"文化的存在，对于绩效文化和责任文化的引入和传播是一个深层的阻力。在这种情况下，就更应该通过不断引入在责任机制和绩效机制方面的先进做法和经验，比如循序渐进地引入"管理权限下移，引入聘任制，打破职位常任的原则，加强绩效评估，建立科学的评估体系，引入绩效工资，改进僵化的薪酬制度，改革年资晋升转向绩效晋升"[1] 等各种经验，实现澳门公务人员制度从规则导向、过程管理到结果导向、弹性管理的转变。

其次，澳门公职制度的改革需要坚持系统论和重点论的统一，加强澳门的整体性和系统性。公务员系统是由录用、考核、奖罚等环节构成的规范体系，由若干运行机制有机组成的具有特定功能的制度安排。事实上，现代人力资源管理的各个人事管理环节是一个有机的整体，人员的录用、培训、考核、使用、调

---

① 岳平、鲍春雷：《国外政府人力资源管理改革及其启示》，《中国人力资源开发》2013 年第 15 期，第 81～86 页。

动、晋升和退休等环节应该形成有机的联动耦合，形成一套完整的衔接配套的动态管理程序，实现人力资源规划、员工招募与甄选、培训与开发、绩效管理、薪酬管理、晋升调配等管理环节的协调互动和相互促进，"各种运行机制不是非此即彼、互不关联的，应该说，它们之间存在着非常复杂的、交叉、包容、同构等关系"。① 因此，澳门公职制度各环节环环相扣，职程是主体、招聘是起点、评核是基础、晋升是重心，不能"头痛医头、脚疼医脚"，而是要从系统的、整体的角度进行改革，坚持整体推进与重点突破相互结合。一方面，改革要抓重点，不要胡子眉毛一把抓，要以基础（评核）和重心（晋升）为抓手，着力提高评核结果的科学性并释放晋升制度的激励功能。另一方面，要充分意识到各个管理环节之间的相互联动关系，需要充分考虑到公务人员制度体系的系统性和整体性，关注各个管理环节的内在相互推进和制约关系，设计改革的配套方案。

最后，澳门未来公务人员制度改革仍是要回归到优化公务人员制度的公平性和激励性上，以提升公务人员的士气。澳门公务人员制度存在的种种问题和不足，都可归结到制度在公平性和激励性方面的欠缺。比如，在公平性方面，由于职程制度设置的老化导致工作分配不公、"同工不同酬"，由于招聘制度科学化的不足导致任人唯亲现象的可能存在，由于委任制度的不够民主化和科学化导致"上下级关系的紧张"等问题；又比如，在激励性方面，无论是评核、晋升、流动、培训、委任、薪酬、福利等制度环节，都缺乏足够的激励性，从而强化了"干多干少一个样、干好干坏一个样"的意识，固化了"多做多错，少做少错、不做不

---

① 汪永成：《试论公务员流动与公务员流动机制》，《甘肃社会科学》1999 年第 2 期，第 38 ~ 42 页。

错"的行政文化。因此，未来澳门公务人员制度改革中，仍然需要不断促进工作分配的合理化，形成付出与报酬相一致的体系，培育有利于领导管理人才茁壮成长的制度环境和氛围，形成更为公平公正的公务人员制度。

此外，制度的激励性是公务人员士气的决定因素，基于当前各项制度环节激励性的不足，未来的改革重点是在不断提升制度公平性的同时也要注重不断优化制度的激励性，双管齐下。提升制度激励性的过程要和制度建设的系统性有机结合在一起，要把制度激励性的提升作为各项制度环节的共同出发点和纽带，形成各制度环节之间的良性互动，通过各制度环节之间的有机配合来提升公务人员制度的激励性。制度的激励性依靠任何一个制度环节都不可能实现，需要各制度环节之间形成一个配合默契的整体，通过制度的一体化建设来确保制度激励性的提升和强化。

参考文献

著作：

〔英〕戴维·毕瑟姆：《官僚制（第二版）》，韩志明、张毅译，吉林大学出版社，2005。

《二〇一五年澳门公务人员士气概况问卷调查研究报告》，澳门工会联合总会出版，2015。

黄湛利：《澳门公务员制度》，中华书局（香港）有限公司，2014。

黄湛利：《香港公务员制度》，中华书局（香港）有限公司，2016。

姜如海：《中外公务员制度比较》，商务印书馆，2003。

〔美〕杰伊·M. 谢夫利兹（Jay. M. Shafritz）等：《政府人事管理》，彭和平等译，中共中央党校出版社，1997。

李向玉主编《"腾飞的澳门：回归十年的回顾与展望"国际学术研讨会论文集Ⅰ（政法卷）》，澳门理工学院出版社，2009。

〔奥〕路德维希·冯·米塞斯：《官僚体制：反资本主义的心态》，冯克利、姚中秋译，新星出版社，2007。

〔美〕罗纳德·克林格勒、约翰·纳尔班迪斯：《公共部门人力资源管理：系统与战略》，孙柏瑛译，中国人民大学出版社，2010。

〔美〕尼古拉斯·亨利：《公共行政与公共事务》，张昕等译，华夏出版社，2002。

任爽、石庆环：《科举制度与公务员制度：中西官僚政治比较研究》，商务印书馆，2001。

〔德〕施路赫特：《理性化与官僚化：对韦伯之研究与诠释》，顾忠华译，广西师范大学出版社，2004。

〔日〕辻清明：《日本官僚制研究》，王仲涛译，商务印书馆，2008。

王亚南：《中国官僚政治研究》，中国社会科学出版社，1981。

〔法〕夏尔德巴什：《行政科学》，施雪华译，上海译文出版社，2000。

徐有守：《官职并立制度的理论与结构：现行公务人事制度析论》，（台湾）商务印书馆，2006。

杨允中等：《澳门公共行政改革的方向与策略》，澳门学者同盟出版，2013。

Burns, John P., *Government Capacity and the Hong Kong Civil Service*, New York : Oxford University Press, 2004.

Hans A. G. M Bekke, James L. Perry, and Theo A. J. Toonen, *Civil Service Systems in Comparative Perspective*, Indiana University Press, Bloomington & Indianapolis, 1996.

Kenneth J. Meier, *Politics and the Bureaucracy: Policymaking in the Fourth Branch of Government*, Fourth edition, Harcourt College Publishers, 2000.

论文：

陈瑞莲：《澳门特别行政区中央聘用机制改革研究》，《澳门公共行政杂志》2007 年第 4 期。

陈瑞莲、林瑞光：《澳门回归十年公共行政的改革与展望》，

《中山大学学报》（社会科学版）2009 年第 5 期。

程波辉、彭向刚：《委任制：当代中国领导干部选拔任用的现实选择》，《公共管理与政策评论》2015 年第 2 期。

楚国良：《我国公务员流动的现状及对策研究》，《领导科学》2012 年第 18 期。

韩艳丽、唐宇：《政府官员问责制度设计：基于问责程序的分析》，《社科纵横》2015 年第 3 期。

梁丽芝：《我国公务员流动激励机制的构建与运行分析》，《湘潭大学学报》（哲学社会科学版）2008 年第 6 期。

刘荣健：《澳门特区公务员中央招聘制度简析》，《行政杂志》第 99 期。

娄胜华：《澳门政府规模的实证研究》，《学术研究》2003 年第 3 期。

娄胜华：《回归后澳门社会结构的变动与治理方式调整》，《港澳研究》2014 年第 2 期。

娄胜华：《授权与问责：澳门特区官员问责制审视》，《国家行政学院学报》2011 年第 4 期。

童秀梅、杨发坤：《合理政府规模理念及其对我国行政组织改革的启示》，《行政与法》2012 年第 5 期。

汪永成：《试论公务员流动与公务员流动机制》，《甘肃社会科学》1999 年第 2 期。

魏姝：《服务型政府模式下政府人事制度的理想类型研究》，《中国行政管理》2010 年第 8 期。

熊继宁：《澳门公务员系统结构初探》，《比较法研究》1999 年第 1 期。

杨君：《从问责官员复出困局审视官员问责的制度重构》，《领导科学》2010 年第 4 期。

曾军荣：《澳门公务员培训政策的演变及发展路向》，《澳门研究》2008 年第 4 期。

周志忍：《公务员培训的中外比较——一些宏观层面的思考》，《北京行政学院学报》2005 年第 3 期。

朱立言、胡晓东：《美国公务员"两官分离"研究》，《学习论坛》2008 年第 11 期。

James L. Perry & David G. Frederickson, "Hong Kong's Civil Service Reform: Lessons Learned from the American Experience," *Public Administration and Policy* (1999).

Ma J., "The Dilemma of Developing Financial Accountability without Election," *Australia Journal of Public Administration* (S1467 – 8500), 2009, 68 (sl).

Manuel P. Teodoro, "Bureaucratie Job Mobility and The Diffusion of Innovations," *American Journal of Political Science*, Vol. 53, No. 1 (2009).

Manuel P. Teodoro, "Contingent Professionalism: Bureaucratic Mobility and the Adoption of Water Conservation Rates," *Journal of Public Administration Research and Theory: J – PART*, Vol. 20, No. 2 (2010).

后　记

　　书稿付梓之际，也刚好是我来澳门工作的第十二个年头。这十二年来，澳门公务员制度确实是我学术聚集最重要的一个节点。正如西方学者所言，公务员制度是公共行政学学者难得的"一块净土"。十二年前来澳门之初，或许我潜在的就有这种"净土意识"，很快将自己的研究重点锁定在澳门的公务员制度上面。一路走来，经过十二年的时间，经过逐步地熟悉澳门的公职法律和政治环境，通过多次对公务人员的深入访谈，不断加深了对澳门公务员制度的了解，终于将多年来的想法和感悟汇集成书。

　　本书的各个不同章节是在不同时期完成的，有些章节曾发表于学术期刊，收入本书时做了修订。当中，"退休制度改革"一章发表于 2007 年的《澳门理工学报》（人文社会科学版），并获得第二届澳门人文社会科学研究优秀成果论文类三等奖；"评核制度改革"一章发表于 2008 年的《兰州大学学报（社会科学版）》；"招聘制度改革"一章发表于 2017 年的《港澳研究》；"委任制度改革"一章发表于 2018 年的《澳门理工学报》。

　　感谢我的博士生导师陈庆云教授，感恩老师的精心培养，授业解惑，言传身教；感谢澳门理工学院资助本书的出版，感谢澳门理工学院理事会严肇基院长、李雁连副院长、郑妙娴秘书长对本书出版的关心；感谢澳门理工学院原院长、全国政协委员李向玉教授，李院长有着长期澳门公共行政工作的丰富经验，和我分享他对澳门公共行政的看法，使我受益匪浅；感谢美国加州富尔顿州立大学的丁元教授，丁教授近年来参与澳门公职局关于公务员制度研究的课题，我有幸和丁教授有多次深入的交流，得到很大的启发；感谢澳门行政公职局的高炳坤局长、冯方丹厅长、陈玉玲原主任提供的调研机会。

感谢澳门行政公职局的潘冠瑾博士，近些年经常和潘博士交流公务员制度方面的问题，在交流中深化了对澳门公务员制度的理解。感谢华南师范大学的颜海娜副教授和首都经济贸易大学劳动经济学院的陈小平副教授，颜海娜副教授是研究政府绩效评估的专家，陈小平副教授是公共人力资源管理的专家，和他们在公务员评核和公务员能力方面的交流使我获益良多。感谢我的行政同事蒋淑君小姐、甘润科先生，为本书出版的行政工作付出了辛勤的劳动。要特别感谢的还有社会科学文献出版社的宋浩敏老师和吉林大学行政学院的张锐昕教授，给本书提出了很多中肯的修改意见。

最后要感谢我的家人。感谢我的妻子林奕珊，感谢你的默默付出和宽容；感谢两个可爱的女儿芷桐、芷黛，感谢你们为生活带来学术之外的幸福；感谢我的父母和岳父母，并祝福身体安康。

图书在版编目（CIP）数据

回归后澳门公务人员制度改革研究／鄞益奋著. --
北京：社会科学文献出版社，2019.5
ISBN 978 - 7 - 5201 - 4056 - 0

Ⅰ.①回…　Ⅱ.①鄞…　Ⅲ.①公务员制度 - 研究 - 澳
门　Ⅳ.①D676.59

中国版本图书馆 CIP 数据核字（2018）第 284000 号

回归后澳门公务人员制度改革研究

著　　者／鄞益奋

出 版 人／谢寿光
责任编辑／宋浩敏　陈素梅

出　　版／社会科学文献出版社·联合出版中心（010）59367151
　　　　　地址：北京市北三环中路甲 29 号院华龙大厦　邮编：100029
　　　　　网址：www. ssap. com. cn
发　　行／市场营销中心（010）59367081　59367083
印　　装／三河市尚艺印装有限公司

规　　格／开　本：787mm × 1092mm　1/16
　　　　　印　张：13　字　数：163 千字
版　　次／2019 年 5 月第 1 版　2019 年 5 月第 1 次印刷
书　　号／ISBN 978 - 7 - 5201 - 4056 - 0
定　　价／79.00 元